国 家 文 物 局
主 编

中国 重要考古发现

文物出版社
2010 · 4

图书在版编目(CIP)数据

2009中国重要考古发现／国家文物局主编. — 北京：文物出版社，2010.4

ISBN 978-7-5010-2954-9

Ⅰ.①2… Ⅱ.①国… Ⅲ.①考古发现-中国-2009 Ⅳ.①K87

中国版本图书馆CIP数据核字(2010)第065971号

2009中国重要考古发现

国家文物局 主编

文物出版社出版发行

北京东直门内北小街2号楼

http://www.wenwu.com

E-mail: web@wenwu.com

北京圣彩虹制版印刷技术有限公司制版印刷

2010年4月第1版　2010年4月第1次印刷

787×1092　1/16　印张：12

ISBN 978-7-5010-2954-9

定价：80元

State Administration of
Cultural Heritage

MAJOR ARCHAEOLOGICAL
DISCOVERIES IN

CHINA

Cultural Relics Press

Beijing 2010

协作单位

中国社会科学院考古研究所
北京市文物研究所
河北省文物研究所
山西省考古研究所
辽宁省文物考古研究所
吉林省文物考古研究所
上海博物馆
南京博物院
浙江省文物考古研究所
山东省文物考古研究所
河南省文物考古研究所
郑州市文物考古研究院
洛阳市文物工作队
湖北省文物考古研究所
湖南省文物考古研究所
四川省文物考古研究院
贵州省文物考古研究所
云南省文物考古研究所
陕西省考古研究院
西安市文物保护考古所
新疆文物考古研究所
香港古物古迹办事处

目 录 CONTENTS

前 言 PREFACE

2009年是新中国成立60周年华诞，60年来中国考古事业稳步发展、开拓向前，继承发扬了优良的学术传统，吸取了国内外文化遗产保护的先进理念，成为保证国民经济建设快速发展和实现社会主义文化大发展大繁荣的重要力量。2009年度36项重要考古发现，是从全年500余项考古发掘项目中精选出来的，遴选标准仍是注重其中蕴含的历史信息、学术价值和考古工作的新理念、新方法。

江苏邳州梁王城遗址大汶口文化中晚期墓地的发现，填补了苏北地区大汶口文化中晚期及其向龙山文化过渡的考古学文化空白。杭州余杭玉架山遗址是首次揭露的长江下游地区新石器时代的环壕聚落遗址，为研究良渚文化小型完整聚落提供了珍贵的资料。湖北孝感叶家庙城址是在鄂东北部发现的首座新石器时代晚期城址，丰富了我们对长江中游史前城址的认识。四川屏山向家坝库区叫化岩遗址的文化内涵具有自身的特点，是川南地区金沙江下游一种全新的考古学文化类型，对于建立四川地区新石器时代文化的谱系具有重要意义。

山东高青陈庄西周城址对于研究"丰"与齐国的关系以及早期齐国的历史具有重要价值。河南荥阳娘娘寨两周时期城址填补了郑州地区西周文化遗存的空白。香港屯门扫管笏遗址包含相当于商周时期、汉代以及明代的文化遗存，为研究香港的历史文化及其与华南地区的文化关系提供了重要资料。

云南澄江金莲山墓地复杂的葬式和特殊的葬俗为滇池区域青铜时代文化的研究提供了珍贵资料。新疆乌鲁木齐萨恩萨依墓地的墓葬类型多样，文化面貌复杂，沿用时间为青铜时代至汉唐时期，对研究天山中段乃至整个欧亚大陆草原早期游牧文化具有重要价值。

西安长安凤栖原墓葬为研究中国古代的墓葬形制、埋葬制度与埋葬习俗提供了重要资料。曹操高陵的发现为研究古代社会、历史、文化等提供了重要的实物资料。河北磁县北齐高孝绪墓廓清了北齐皇宗陵域的大致范围。江苏张家港黄泗浦遗址为中外海上交通史、港口变迁等研究开拓了新视野。

北京大兴辽金塔林遗址以数量较多的中小型塔基为主，发现的经幢题记对于研究北京建都史、辽金时期佛教文化及北京地区的历史地理具有重要意义。河北曲阳定窑遗址发掘了多处晚唐至金的连续叠压地层，有助于全面了解定窑各个时期的生产状况、工艺及器物特征。陕西韩城盘乐壁画墓的发现为研究宋代的服饰、书画、杂剧和中医等提供了宝贵的资料。吉林白城永平金代遗址早期台基建筑的规模、装饰风格以及晚期普通民居建筑的形制，对于研究金代建筑的布局和装饰风格具有重要价值。

新中国成立60年来，考古工作者兢兢业业、无私奉献，抢救保护了大量珍贵文物，并克尽考古工作服务社会的职责，推动考古成果惠及地方、惠及民众。与此同时，广大人民群众分享着文化遗产蕴含的丰富价值和无穷魅力，逐渐形成了全社会关心、爱护并积极参与文化遗产保护事业的氛围，也为考古和文物保护创造了良好的工作条件。汇编出版年度考古重要发现，既是对考古工作者的致敬感谢，也是给社会大众的文化献礼，更是想传达60年来我们一直秉承的理念：考古学是人民的考古学！

上海青浦福泉山遗址

吴家场地点考古发掘

ARCHAEOLOGICAL EXCAVATION AT THE WUJIACHANG LOCALITY OF FUQUANSHAN SITE IN QINGPU, SHANGHAI

福泉山遗址是全国重点文物保护单位，位于上海市青浦区重固镇。遗址于1962年发现，20世纪七八十年代先后进行过多次发掘，工作重心主要集中在"福泉山"这一人工堆筑的土墩上，而对整个遗址的认识还存在诸多盲点，如遗址的分布范围、文化内涵、性质等。为更合理有效地保护、管理遗址，以及为制定遗址保护规划提供翔实的考古资料和学术依据，结合第三次全国文物普查，自2008年12月～2009年4月，上海市文物管理委员会考古研究部在遗址的"福泉山"土墩以外区域以探沟形式进行勘探性发掘。

此次发掘共布探沟22条，"福泉山"土墩以外的正北向布探沟13条，正南向布探沟2条，西北向布探沟7条，共计发掘面积378平方米。通过发掘，对遗址现状的了解较以往更进一步，确认古文化遗存分布范围大大超出原先划定的区域，遗存的年代跨度大，延续时间长，遗迹现象多样，遗物丰富。

在"福泉山"土墩以北80多米农田里的TG1～TG3的文化层堆积丰富，自下而上有马家浜文化、崧泽文化、良渚文化、马桥文化以及周、晋唐、宋元遗存。在北距"福泉山"约360米处的TG14发现良渚文化中期遗存，在TG22还发现有广富林文化层。在南距"福泉山"约400米处的TG16亦有良渚时期遗存。在"福泉山"土墩西北约360米处的TG8文化层最早的是良渚时期，而堆积最丰富的是东周、西周时期。已经清理的各时期遗迹包括灰坑、水井、沟、墓葬等，尤为重要的是，在吴家场地点发现一处新的良渚文化晚期人工营建的土筑台地及其埋葬于此的高等级贵族大墓。

新发现的土筑台地位于"福泉山"土墩以北约300米处的重固镇回龙村吴家场，地势较高，与周围农田的相对高差近1米，南依水系现名崔泾，西边有一无名小河道。经局部揭露后发现台地上窄下宽，底部南北宽约30米，现东西长90余米，高约2.45米。堆土经过筛选，土色偏黄褐，土质纯净，黏硬。顶部平坦，斜坡上陡下缓。底部经过夯打，坚实紧硬。从已揭示部分分析台地的营建方式是：先夯打底面，再用紧黏的、发亮的深红褐色土堆筑一个小土台，然后以此小土台为基础，不断贴筑，在往上增高的同时向周边扩展，最终形成一个完整的缓坡台地。台地以下的文化层堆积属良渚中期。

在台地近中心的南坡上已发现、清理良渚墓葬2座，一座为残墓（M203），另一座基本完整（M204）。M203部分叠压在M204之上。M204为土坑竖穴，墓坑长约4米，宽约1.7米，深约0.5米。葬具应为宽大的弧形棺，棺木已经腐朽不存，长约3.9米，宽1.4～1.5米，厚0.05～0.1米，深0.26米。墓向185°。棺内有两具人骨个体，一具为仰身直肢葬，另一具骨殖朽蚀，疑似侧身葬。随葬品分多个层次摆放。第一层置于墓葬的填土上部、墓口内侧东北角，只有1件陶豆。第二层置于棺盖上，南面有大口陶尊、陶壶各1件，北面有大口陶尊、陶壶形鼎（实足鬶）各1件，中部有玉钺1件。第三层则在棺内，南北顶端各竖置1件玉璧，其余随葬品绝大部分摆放在直肢葬式骨架的左边和身体上。大型玉器有璧7件、琮2件、钺2件、锥形器4件、环3件，还有石钺7件等。镂刻极其精细的神像纹和鸟纹的玉琮套在直肢葬墓主的右前臂骨上，2件梜部带套管的玉锥形器上亦刻有精细的神像纹，其中一件带有两个套管。有2件阔把黑陶器放置在直肢葬个体的头骨旁，内盛有两种形状的鸟形玉片。其余陶器基本放置在脚部后端，近20件，器形有大口尊、鼎、甗、壶、盉、簋、豆、杯等。直肢葬式骨架下还压着2件石器和2组玉坠形器，一组玉坠形器亦带有2个套管。另外，葬具内还有很多分布无规律的经过加工的玉片、珠和绿松石片，估计是在墓主入葬及盖棺前有意撒落。值得重视的是，随葬的陶器为一套品种齐全、做工精致的小型明器。从墓葬所处方位、墓坑与葬具的规模以及随葬品的种类、精美程度推测，M204墓主的身份、地位很显赫。

本次发掘虽然面积不大，却是20世纪80年代末以来福泉山遗址考古的新突破，也是近年来良渚文化的重大发现。

首先，我们在以"福泉山"土墩为中心向四周探掘后的发现证明，良渚中期人类活动的足迹在这里已经超过100万平方米，包含有生活区和墓葬区，如此超大规模在良渚聚落等级模式中已能添入到高等级聚落的行列，仅次于良渚—瓶窑遗址群。

其次，尽管对吴家场地点解剖的面积有限，清理的良渚墓葬也仅有2座，但我们获取的信息量异常丰富。2座存在早晚关系墓葬的良渚晚期特征明显，如M204：93正视形飞鸟玉片类似于福泉山M101：90陶豆上细刻的飞鸟纹，侧视形飞鸟玉片则类似于好川墓地M53：3漆器上的嵌饰。M204还出土了很多玉色红褐的小珠、管，这种叶蜡石质地的玉珠、管在新地里遗址良渚晚期墓葬中常见，而不见于年代稍早的良渚墓葬。M203：18玉柱形端饰与新地里M73：26类似，底部有牛鼻形隧孔。M203：21高领陶罐的形式接近于江苏苏州草鞋山M198Ⅱ：1，但器底趋圜，这类高领罐还见于浙江良渚遗址群的葡萄畈、江苏丹阳王家山遗址H1以及新沂花厅遗址北区M28、M35、M50。M203：5陶豆的高把上装饰大圆形和弧边三角形镂孔及间饰弦纹的组合纹饰与好川M9：12豆类似。2座墓葬中所含这些文化元素一方面为我们对这2座墓葬在良渚文化中的年代排序提供了依据，另一方面也将

M203出土石钺
Stone *Yue* Battle-axe from Tomb M203

M203出土玉琮形管
Cong-emblem-shaped Jade Tube from Tomb M203

M203出土陶鼎
Pottery *Ding* Tripod from Tomb M203

M203出土陶豆
Pottery *Dou* Stemmed Vessel from Tomb M203

M203出土陶尊
Pottery *Zun* Vase from Tomb M203

M203出土陶高领罐
High-necked Pottery Jar from Tomb M203

M204随葬器物出土情况
Funeral Objects of Tomb M204 in Excavation

福泉山遗址、草鞋山遗址、新地里遗址、王家山遗址、花厅遗址与好川墓地联系起来，是我们进一步探讨这些遗址和墓地的相对年代、文化谱系及其相互关系的珍贵资料。

福泉山遗址是除了良渚遗址群反山、瑶山墓葬中发现刻鸟纹玉器外唯一出土鸟纹图案的遗址。

再次，吴家场地点M204随葬品形式与福泉山M9、M40相似，年代相近，M203略晚，也就是说，福泉山遗址在某一特定时间段内同时存在两处高等级贵族墓地，这在良渚文化中是极为罕见的现象。太湖以东的苏州张陵山遗址也有东山、西山两座土墩，两墩间更近，仅相距100米，但在良渚时期作为墓地的使用时间并不重叠，在西山墩顶发现5座良渚早期墓葬，东山则在破坏的断崖下发现1座良渚中期偏晚的墓葬，因此张陵山遗址两个土墩的相互关系与福泉山遗址还是有所不同。一个遗址内同时存在两座使用时间重叠的墓地，这种现象除福泉山遗址外，目前仅限于良渚—瓶窑遗址群。"福泉山"土墩作为墓地使用的时间很长，从崧泽—良渚过渡段直至良渚晚期，晚期墓主的地位明显高于早期墓主，且呈一定规律排列而无打破、叠压关系，说明墓地是经过有意安排的。从目前掌握的资料分析，M40是"福泉山"土墩最晚的墓葬，换句话说，吴家场地点墓地与同样埋葬贵族墓葬的"福泉山"土墩部分时段相重合，即在"福泉山"墓地使用的最后阶段吴家场地点墓地也被起用，这样就涉及一是两个墓地之间的关系，是因为"福泉山"墓地不能再安排新的墓位，不得不耗费大量劳力再建一处新的墓地？还是另外又有一支新贵兴起？二是与良渚—瓶窑遗址群的关系。以上提示我们应该重新认识、检讨福泉山遗址在良渚文化中的地位。

（供稿：周丽娟）

M204出土双孔石刀
Stone Knife with Double
Perforations from Tomb M204

M204出土玉璧
Jade *Bi* Disc
from Tomb M204

M204出土玉钺
Jade *Yue* Battle-axe
from Tomb M204

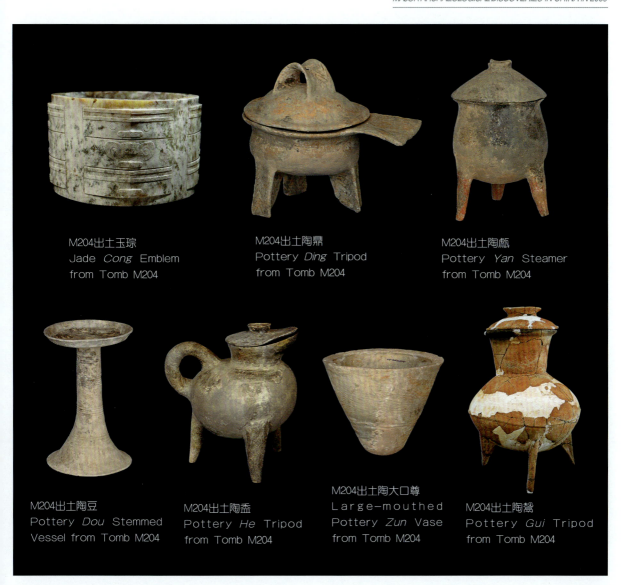

M204出土玉琮
Jade *Cong* Emblem
from Tomb M204

M204出土陶鼎
Pottery *Ding* Tripod
from Tomb M204

M204出土陶甗
Pottery *Yan* Steamer
from Tomb M204

M204出土陶豆
Pottery *Dou* Stemmed
Vessel from Tomb M204

M204出土陶盉
Pottery *He* Tripod
from Tomb M204

M204出土陶大口尊
Large-mouthed
Pottery *Zun* Vase
from Tomb M204

M204出土陶鬶
Pottery *Gui* Tripod
from Tomb M204

In December 2008 to April 2009, the Archaeology Department, Shanghai Museum carried out excavation near the Fuquanshan mound within the Fuquanshan site at Chonggu Town in Qingpu District, Shanghai City, which brought about a still more distinct understanding of the current condition of the site and clarified the distribution limits of ancient cultural remains on the site. It has been known that the site features a great chronological span, a long continuity of function, a wide variety of vestiges and a great abundance of remaining objects. The most significant result is the discovery of an earth-built terrace with large-sized high-rank noblemen tombs of the late Liangzhu culture. The terrace lies at Wujiachang of Huilong Village in Chonggu Town, 300 m to the north of the Fuquanshan mound, and measures about 30 m in width from the north to the south, above 90 m in remaining length from the west to the east for the bottom, and about 2.45 m in height. In building method it is like city walls. Near the center, on the southern slope, two burials were found to be of the late Liangzhu culture. Their location, the size of their tomb-pits and coffins and the variety and fineness of their funeral objects show the tomb owners' influential status. The excavation made a new breakthrough in the archaeological investigation of the Fuquanshan site and brought an important achievement in the recent study of the Liangzhu culture.

江苏邳州梁王城遗址
大汶口文化墓地

CEMETERY OF THE DAWENKOU CULTURE ON THE LIANGWANGCHENG SITE IN PIZHOU, JIANGSU

梁 王城遗址位于江苏省邳州市戴庄镇李圩村的西边,京杭大运河（中运河）的东岸,行洪道内。梁王城遗址的发掘属南水北调东线工程历时最长、发掘规模最大的文物保护项目。自2004年4月～2009年1月,发掘总面积达10200平方米。2008年初至2009年初,南京博物院、徐州博物馆和邳州博物馆对遗址进行了第三次大规模抢救性考古发掘,此次发掘发现了一处大汶口文化时期的大型墓地,共清理墓葬142座。

大汶口文化时期墓地的范围南北长约90、东西宽约30米。除4座墓葬为南北向外,其余138座墓葬均呈东西向,排列较整齐。整个墓地可以分为四区,每区内可分若干组,每组墓葬多呈南北向排列,墓葬之间的互相打破现象较少,成组排列的墓葬当是家族关系在墓地的反映。墓葬内共出土随葬器物约1100件。陶器主要有鼎、鬶、豆、背壶、壶、盉、罐、盆、筒形杯、圈足杯、

高柄杯等,骨角器有獐牙、蚌刀、蚌镰、骨镞、骨锥、骨簪、骨针、骨匕等,玉石器有玉环、玉佩、玉坠、玉蝉、玉管、玉珠、石斧、石锛等。

发现的大汶口文化墓葬均为长方形土坑竖穴墓。竖穴墓以二层台的有无、葬具的不同分为无二层台竖穴墓、二层台竖穴墓和陶棺葬。二层台竖穴墓共27座,一般多有葬具,除M125为生土二层台,其余墓葬如M110等26座墓的二层台均为熟土。二层台分一面、两面和四面三种,其中四面者居多,二层台墓一般比无二层台竖穴墓的规模略大,长度均超过2米,最长达2.9米,宽度均在1米以上,最宽者达1.93米。多数有随葬品。无二层台竖穴墓共发现83座,墓壁一般较直,四隅多为圆角,这类结构的墓葬,底部较平坦,没有发现明显的葬具。墓葬一般长1.7～2米,最长者为2.16米,最短者仅1.6米,宽0.5～0.7米,最宽达0.9米,窄者仅0.4米。陶棺葬共发现32座,

大汶口文化墓地发掘现场
Excavation-site of the Dawekou Culture Cemetery

大汶口文化墓地（西—东）
Dawenkou Culture Cemetery (photo from west to east)

M143、M146
Tombs M143 and M146

M225、M226、M238
Tombs M225, M226 and M238

M242及其他墓葬
Tomb M242 and Other Burials

陶棺葬是长方形土坑竖穴墓，以陶器为葬具，一般是把陶器打碎后在墓底铺上一层陶片，然后放置墓主，接着在墓主身上再覆盖一层陶片。墓主有成人和儿童，以儿童为多。

从葬俗分析，大汶口文化墓地可以分为单人墓葬和合葬墓。合葬墓共有9座，其中成人与儿童合葬墓4座，同性合葬墓1座，男女合葬墓4座。葬式主要有仰身直肢、侧身直肢、俯身直肢三种，未见屈肢葬，以仰身直肢居多，侧身直肢次之，2座墓为俯身直肢。在142座墓葬中，有54座墓的墓主人手中握有獐牙。

梁王城大汶口文化墓地大部分墓主人骨保存较完好，共发现144具人骨，其中男性41具、女性46具，性别不详的57具。在未成年人中，死于0～2岁的占35.7%，死于3～6岁的占35.7%，死于7～14岁的占28.6%。在可判断性别和年龄的43例女性个体中，死于青年期15～23岁的有5个，占11.6%；死于壮年期24～35岁的有24个，占55.8%；死于老年期的有1个，占2.3%。在可

判断性别和年龄的40例男性个体中，死于青年期的有3个，占7.5%；死于壮年期的有16个，占40%；死于中年期的有21个，占52.5%；未发现死于老年的个体。在43例可供观察的个体中，经初步观察统计，有拔齿现象的有23例，且拔除的绝大多数为上颌侧门齿，仅有2例拔除了上颌侧门齿和犬齿（M118、M121），拔齿现象的出现率为53.5%，男性出现率为44.4%，女性出现率为71.4%。

用猪下颌骨、肢骨以及其他兽骨作为随葬品的墓葬十分普遍，共有20座墓葬，多放置于墓葬的陶豆之中，如M110共有7件陶豆，5件陶豆中有兽骨，其中有一猪下颌骨，余皆为猪肢骨及趾骨；M143共有5件陶豆，其中3件陶豆中有兽骨，经鉴定均为猪肢骨的一段。

有的墓葬在人骨或器物上遗留有朱红色遗迹，如M99、M106、M110、M118、M140等。M106的墓主人右侧肱骨与尺骨、桡骨的关节处有朱红色，同墓出土的一件玉锥上亦有朱红色；M99

M110随葬器物出土情况
Funeral Objects of Tomb M110 in Excavation

M244
Tomb M244

M229
Tomb M229

M110陶豆内猪下颌骨
Pig's Mandible in a Pottery *Dou* Stemmed Vessel
of Tomb M110

出土陶罐的口沿及腹部有大片的朱红色；M110出土陶豆及陶罐上均有朱红色痕迹；M118墓主人右侧肋骨上有较大面积的朱红色痕迹，该墓出土的一件陶罐上亦有朱红色痕迹。无论器物还是人骨架上出现的朱红色痕迹的颜色、成分均一致。

在142座墓葬中，有随葬品的墓占绝大多数，达111座，其余31座墓无随葬品，儿童墓中的随葬品一般较少或者没有。随葬器物在10～19件的墓葬居多，而随葬品在10件以下的墓葬次之。随葬品最为丰富的M140随葬器物达40件。除瓮棺葬具外，墓葬共有出土器物约1100件，以陶器为主，有950余件，多为日常生活用品，在一些陶鼎、陶鬶内发现有长期烧水形成的水垢痕迹，器表亦有烟熏痕迹，少数为小型冥器。器类主要有鼎、鬶、豆、背壶、壶、盉、罐、盆、筒形杯、圈足杯、高柄杯、钵、匜、器盖、器座、尊、纺轮、网坠等；骨角牙器次之，有獐牙、蚌刀、蚌镰、骨镞、骨锥、骨簪、骨针、骨匕等；玉器有玉环、玉佩、玉坠、玉蝉、玉管、玉珠等；石器

的数量最少，有石镞、石钺、石斧、石铲等。

在梁王城遗址发现的大汶口文化墓葬分属于两个层位，M228等48座墓葬处在第9层面上，M99等94座墓葬处在第9层下。墓葬互相之间有打破关系的较少，存在打破或叠压关系的墓葬有M82→M143，M89→M146，M114→H433→M144，M148→M160，M226→M238等11组。除了M94～M96等30座墓葬没有随葬器物或出土器物无法复原不能进行分期外，其余的大汶口文化墓葬通过典型墓葬间的打破关系，利用器物类型学研究中的桥联法和横联法，根据对典型墓葬内出土的典型器物的仔细比较与分析，初步将大汶口文化墓地分为四期八段。

第一段墓葬以M110、M118、M120、M129、M160为代表，主要分布在Ⅱ区墓地内，随葬器物以灰陶、灰褐陶、红褐陶为主，有少量的红陶、白陶、黑陶，随葬的典型器物主要有陶鬶、豆、背壶、壶、圈足杯、罐、盆等。该段陶鬶的颈部细小，陶豆器形不大，豆圈足上的镂孔

较少，陶背壶的颈部收束，器形宽胖。

第二段墓葬以M140、M146、M147为代表，同样分布在Ⅱ区墓地内，紧邻第一段墓葬的南北两侧。随葬器物以灰陶、灰褐陶、红褐陶为主，红陶的数量减少，有少量的白陶、黑陶，随葬的典型器物主要有陶鬶、豆、背壶、壶、罐、盆等。该段陶鬶的颈部变粗，陶豆的柄部升高，镂孔变多，陶背壶的颈下部渐宽，薄胎圈足杯开始出现，圈足尚粗矮。

第三段墓葬以M112、M139、M151为代表，同样分布在Ⅱ区墓地内，紧邻第二段墓葬的北侧。随葬器物以灰陶、灰褐陶、红褐陶为主，红陶、白陶基本不见，黑陶的数量增加。随葬的典型器物主要有陶鬶、豆、背壶、壶、罐、盆等。该段陶鬶的流变长向前伸，出现了圆腹、短平流的陶鬶，陶豆的柄部比前段变得更粗大，陶背壶的颈部开始变长，颈部上下约等宽，整个形体比前段显得修长，薄胎黑陶杯开始增多，圈足较前段略瘦长。

第四段墓葬以M89、M271为代表，同样分布在Ⅱ区墓地内，主要在前三段墓葬的周围，随葬器物仍以灰陶、灰褐陶、红褐陶为主，黑陶的数量增多，白陶消失。随葬的典型器物主要有陶鬶、豆、背壶、壶、罐、盆等。该段扁圆腹陶鬶的流抬高成仰天状，陶豆的变化主要分成两支，一支的柄部开始变得粗矮，一支的腹部变得更深，陶背壶的颈部下方开始外撇，整器比前段变得瘦小，薄胎黑陶杯开始流行，柄部变得更加

细，新出现高直柄的薄胎黑陶杯。墓葬内开始出现一些小型陶杯。

第五段墓葬以M231、M243、M267等为代表，主要分布在Ⅰ区、Ⅲ区、Ⅳ区墓地内，Ⅱ区内发现少量，分布在第四段墓葬的外围。随葬器物以灰褐陶、红褐陶、黑陶为主，黑陶的数量较多，随葬器物的组合与前段相比有较大的变化，扁圆陶鬶消失，代之以施有篮纹的圆腹陶鬶。陶豆变得细小，且数量减少。背壶变得更加修长。薄胎黑陶杯盛行，且形式多样，柄部刻满镂孔。小型器物增多，有陶小杯、小壶、瓶等，其中陶小杯的形式多样，矮直柄小杯和陶瓶多数带有器盖。该段墓葬出土器物的器形比前四段显得细小。

第六段墓葬以M125、M225、M226等为代表，主要分布在Ⅰ区、Ⅱ区、Ⅳ区墓地有少量发现。随葬器物以灰陶、灰褐陶、红褐陶、黑陶为主。圆腹陶鬶的腹底由前段的圜底变成平圜底，陶豆继续变小，豆盘变浅，制作退化，薄胎黑陶镂孔杯、小型器物继续流行。

第七段墓葬以M242、M264等为代表，主要分布在Ⅲ区、Ⅳ区墓地。随葬器物以灰陶、红褐陶为主，黑陶的数量减少，圆腹陶鬶的腹底变成平底，陶背壶变得更加瘦长，颈下部与腹部相接处变得不明显，陶豆罕见，薄胎黑陶镂孔杯的数量减少，制作比前段简单，陶瓶消失，束腰筒形带盖杯流行。

第八段墓葬以M136等为代表，主要分布在Ⅱ区墓地的西南角。随葬器物以灰陶为主，黑陶的

M118墓主身上朱砂痕迹
Traces of Cinnabar on the Tomb-owner's Body in Tomb M118

M120出土陶器
Pottery Vessels from Tomb M120

M140出土陶器
Pottery Vessels from Tomb M140

M151出土陶器
Pottery Vessels from Tomb M151

M89出土陶器
Pottery Vessels from Tomb M89

数量进一步减少，陶鬶、背壶罕见，墓葬内随葬有小型鼎，薄胎黑陶杯演化成束腰筒形圈足杯。

纵观这八段器物的形制，组合比较稳定、序列演变清晰，应是同一文化类型内部发展的不同阶段。考察其中第二段与第三段、第四段与第五段、第七段与第八段之间的变化较大，还可以将这八段合并为四期。一期包括第一段和第二段，二期包括第三段和第四段，三期包括第五、六、七段，四期为第八段。进一步分析可知，一期和二期是以扁圆腹实足鬶、较大型陶豆、宽胖陶背壶、陶壶、白陶杯为主要文化内涵的早期阶段，该阶段有红陶、白陶以及少量的黑陶；三期和四期是以圆腹实足鬶、小型陶豆、瘦长陶背壶、薄胎镂孔黑陶杯、陶小杯、带盖陶瓶、筒形杯等为主要文化内涵的晚期阶段，该阶段器物整体较小，罕见红陶和白陶，部分器物的器形已接近龙山文化时期的同类器物。

二期第三段的实足鬶与泰安大汶口墓地M98：14相近，一期第一段的实足鬶在形制上要比邹县野店M31：33要晚，因此梁王城遗址大汶口文化墓地的上限大体在大汶口文化中期偏晚阶段。三期和四期的墓葬出土有较多的薄胎黑陶高柄杯，高柄杯的器形规整，器体较薄，多侈口、束腰，下部有折棱，喇叭形高圈足。如M125的黑陶高柄杯与尉迟寺遗址大汶口墓葬M317出土的AIV式高柄杯的形制近似，与枣庄建新大汶口墓葬M40出土的高柄杯近似。因此梁王城大汶口文化墓地三期和四期的年代，与大汶口墓地晚期墓葬、邹县野店第五期、胶县三里河下层、枣庄建新遗址等的年代相当，处于大汶口文化晚期阶段。而个别墓葬已站在了龙山文化早期的门槛。

大汶口文化墓地总面积约3000平方米，整个墓地可以分为四区。墓葬内随葬品丰富，组合较稳定，除了众多的陶器外，还出土了较多的玉器等。墓地内出土的实足鬶丰富多样，有自身发展演变的序列，且与薄胎高柄杯形成别有特色的组合。通过墓葬间的叠压、打破关系，以及典型器物的类型学研究，初步将大汶口文化墓地分为四期八段，各段间典型器物的演变规律清晰，系列较完整。墓地的年代大体处于大汶口文化中晚期阶段，填补了苏北地区大汶口文化中晚期及其向龙山文化过渡阶段的考古学文化空白，为研究黄淮地区大汶口文化谱系和类型提供了新资料，对于研究黄淮地区史前文明和古代社会文明化进程具有重要意义。

（供稿：林留根　周润垦　原丰　井浩然）

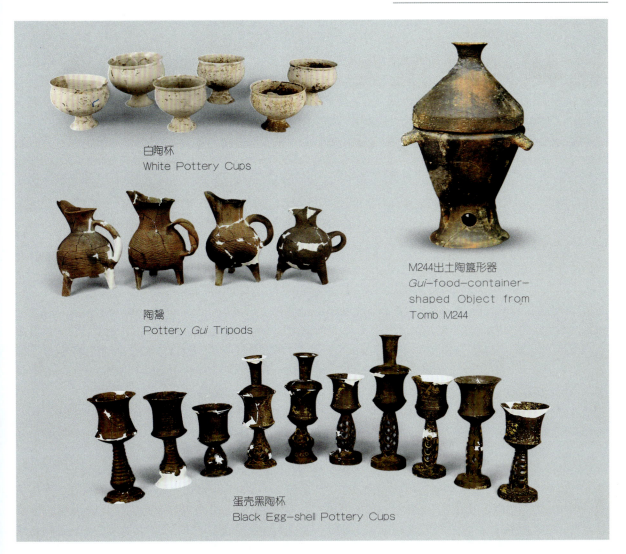

白陶杯
White Pottery Cups

陶鬶
Pottery *Gui* Tripods

M244出土陶簋形器
Gui-food-container-
shaped Object from
Tomb M244

蛋壳黑陶杯
Black Egg-shell Pottery Cups

The Liangwangcheng site is located to the west of Lixu Village of Daizhuang Town in Pizhou City, Jiangsu Province. In 2008 to 2009, the Nanjing Museum, Xuzhou Museum and Peizhou Museum carried out jointly the third excavation of the site, and revealed a large-sized Dawenkou Culture period cemetery with 142 tombs brought to light. The cemetery falls into four areas, each of which can be divided into several groups of south-and-north pointing tombs, which must be a reflection of kinship in the burial ground. The funeral objects are rich in number and rather stable in combination, including pottery, bone, antler, jade and stone implements. Judged by the unearthed typical objects and the mutual superimposition and intrusion of the burials, the remains of the cemetery can be divided into four phases consisting of eight sub-stages, with the typical objects showing clear evolutionary tracks and complete sequences. In date the cemetery can be assigned roughly to the mid and late Dawenkou culture. Thus the results made up the gaps in the archaeology of the mid and late Dawenkou culture in the northern Jiangsu and the transitional period of this culture to the Longshan culture in this region. The excavation provided new data for researching into the cultural pedigree and typological division of the Dawenkou culture remains in the Yellow River and Huaihe River valleys and the area to the east of the Huaihe River valley and has important value to studies of the prehistoric cultures and civilizing course in these regions.

杭州余杭玉架山
良渚文化环壕聚落遗址

MOAT-SURROUNDED SETTLEMENT-SITE OF THE
LIANGZHU CULTURE AT YUJIASHAN IN YUHANG, HANGZHOU

玉架山遗址位于杭州市余杭区临平街道原小林村北侧，西距良渚遗址群20余公里，现已归属余杭经济开发区。经国家文物局批准，自2008年10月20日始，浙江省文物考古研究所和余杭区博物馆联合对玉架山遗址进行抢救性考古发掘，发掘面积约7700平方米。发现了良渚文化中晚期环壕聚落遗址，环壕内主要有大型堆筑土台、"砂土面"、墓葬、居住址和灰坑等遗迹。此外，还发现了水稻田遗迹。本次工作主要有：对环壕进行解剖；清理良渚文化中晚期墓葬155座、灰坑8个，发现居址4座。遗址面积近25000平方米。目前发掘与研究工作仍在进行中，主要收获如下。

环壕聚落遗址为长江下游新石器时代考古工作中的首次揭露。玉架山良渚文化聚落遗存以方形环壕为主体外围，根据我们对环壕四个转角和东、南、西段的发掘解剖并结合钻探显示，环壕平面

总体上呈方形，北段中部略向外凸出，边长134～155、宽4.45～15.2、深0.6～1.25米。环壕和良渚文化中期土台的形成过程可能有关联且有规划，即在地势略高的生土面上堆筑土台时，用土可能来源于环壕的开挖。环壕内的堆积可分两层，年代下限属于良渚文化晚期。环壕聚落的规模较小，但比较完整，为我们提供了研究良渚文化小型完整聚落不可多得的个案资料。

堆筑的土台大小略小于环壕，现存最厚堆积深度约为1.35米。目前绝大多数探方仅清理了土台表层墓葬，尚未对土台进行整体的发掘解剖，土台的营建、扩展过程尚不清楚，其边缘已扩展叠压到环壕内侧之上。

"砂土面"遗迹共2处，是用以风化岩石加工粉碎成的小石子与泥土混合后营建的堆积，表面较为平整。"砂土面一"位于土台的中部，叠压在土台之上，被良渚文化晚期地层所叠压，该堆

发掘区全景
A Panoramic View of the Excavated Area

环壕东南转角及环壕内木桩
Southeastern Corner of the Moat and Wooden Stalks in the Moat

环壕南段
Southern Section of the Moat

砂土层上成组柱坑
Grouped Post-holes in the Sandy-earthen Ground

M20
Tomb M20

M16随葬器物出土情况
Funeral Objects of Tomb M16 in Excavation

积东西长约70、南北宽7.8～18、最厚处约0.15米，面积约1000平方米，局部被后期破坏。在平面上只发现少量柱坑遗迹和F3，目前没有发现其他迹象。"砂土面一"的性质特殊，似乎不是居址的基础或一般的活动面，结合"砂土面一"的南、北两个区域都是墓葬，推测"砂土面一"是和埋设墓葬相关的祭祀场所的可能性更大。在

以往的考古工作中我们尚未遇到这样的营建和堆积方式，目前还不能准确判定该堆积的性状，有待进一步的工作。"砂土面二"位于土台的东南部，堆积形式与"砂土面一"相同，为边长8～10、厚约0.15米的方形遗迹，面积约80平方米，其上埋设1件陶缸。在"砂土面二"周边亦埋设墓葬，仅发现一座墓葬打破"砂土面二"。

09YLYM136

M136
Tomb M136

09YLYM149

M149随葬器物出土情况
Funeral Objects of Tomb M149 in Excavation

墓地分布在"砂土面一"的南、北两大区域，时代属良渚文化中晚期，规模较大，埋设墓葬的数量较多，以晚期墓葬为主。墓葬均为长方形竖穴土坑墓，头向以朝南为主，6座朝北，人骨架保存较差，可分辨的多为仰身直肢葬，个别为二次葬，少数墓葬有棺椁葬具痕迹；叠压打破关系19组。墓葬出土陶、石、玉器等各类遗物1400余件（组），陶器有鼎、豆、罐、缸、尊、盘、盆、簋、双鼻壶、纺轮等，其中鼎、豆、罐（或尊）是陶器的基本组合；玉器主要有琮、璧、钺、冠状梳背、三叉形器、璜、镯、环、带钩、端饰、纺轮、坠饰、锥形器等；石器主要有钺和镞等；另外还有少量漆木器、野猪獠牙和鲨鱼牙齿。20号墓出土随葬品最多，共58件，2座墓葬无随葬品。

贵族墓地位于环壕遗址的中心区域，已发掘了5座规格较高的出土玉琮、玉璧的墓葬。这些墓葬中较为重要的有16号墓，出土了玉琮和刻符玉璧。该件玉璧直径24.7厘米，上面刻划有两个符号，一个位于玉璧正面，另一个位于侧边缘。

这是首件经正式考古发掘出土的良渚文化刻符玉璧，也是迄今在浙江省考古发掘出土的直径最大的良渚文化玉璧。该墓还出土了12件石钺。149号墓出土了琮、冠状梳背、三叉形器、纺轮等玉器及朱漆柄石钺。

零星发现4座居址，均尚未清理。

水稻田遗迹叠压在环壕之上，主要为分布在环壕外围的黑土与灰黑土堆积，经过钻探表明面积至少可达1万平方米（暂时还未找到边缘）。由于目前未开展更多的工作，还没有发现可以确认其为水稻田的相关痕迹，判断的主要依据是应用科技考古手段测定后显示灰黑色土壤中植物硅酸体的含量较高。

玉架山环壕聚落的发现和发掘，是长江下游新石器时代完整环壕聚落认识上的重大突破，其重要性已逐渐显现在我们面前。在遗址周边地区近年开展过多项考古工作，已有迹象初步表明临平山的西部、北部地带在良渚文化时期存在过一个较高等级的聚落。

（供稿：楼航 蒋建良 方中华）

随葬陶器
Funeral Pottery Objects

M16出土玉璧及玉璧侧缘刻划符号
Jade *Bi* Disc from Tomb M16 and the Sign Engraved on the Edge of the *Bi*

M16出土石钺
Stone *Yue* Battle-axes from Tomb M16

The Yujiashan site lies in the east of Yuhang District, Hangzhou City, 20km to the west of the Liangzhu sites. Since October 2008, the Zhejiang Provincial Institute of Cultural Relics and Archaeology and the Yuhang District Museum, Hangzhou City have jointly carried out there excavation. In the approximately 25,000 sq m the site occupies, they opened an area of about 7,700 sq m, where they discovered a moat-surrounded settlement of the mid and late Liangzhu culture. The main remains revealed within the moat include a large-sized earth-built platform, two sandy-earthen grounds, 155 tombs, four house-foundations and eight ash-pits; outside the moat are traces of paddy fields. This is the first time that archaeologists have discovered a Neolithic moat-surrounded settlement in the lower Yangtze River valley. The moat is roughly square in plan and measures 134—155 m in length for each side, 4.45—15.2 m in width and 0.6—1.25 m in depth. Its formation must have been concerned with the building of the mid Liangzhu culture earthen platform and might have been in accordance with certain planning. Its vestiges provided valuable data for researching into small-sized complete settlements of the Liangzhu culture. The burial ground is rather large in size, and yielded above 1,400 pieces/sets pottery, stone and jade objects, among which the jade *bi* disc engraved with a sign from Tomb M16 is the first sign-engraved Liangzhu culture jade *bi* known from scientific archaeological excavation.

水稻田遗迹
Vestiges of Paddy Fields

湖北孝感叶家庙新石器时代遗址发掘

EXCAVATION OF THE NEOLITHIC YEJIAMIAO SITE IN XIAOGAN, HUBEI

叶家庙遗址位于湖北省孝感市朋兴乡叶家庙村和七份村。东南距孝感市区6公里,孝感至白沙公路从遗址东面通过,西面和西北角为澴水故道。海拔28~30米,中心地理坐标为东经113°54',北纬34°30'。正在兴建的兰郑长输油管道自东向西从遗址中间穿过。

叶家庙聚落遗址由叶家庙城址、城外墓地、附属杨家嘴遗址、附属何家埠遗址四部分组成。东西长870、南北宽约650米,总面积超过56万平方米,是一处特大规模的新石器时代大型聚落遗址。

2008年3月~2009年6月,我们对叶家庙遗址进行了详细的调查、勘探和发掘,并对发掘的重要遗迹单位进行了系统的采样。目前,我们正在对叶家庙遗址出土遗物、土样以及发掘资料进行整理。全部整理工作计划在2010年6月结束。

叶家庙城址的形状呈较规整的长方形,北部城垣保存较好,城垣高出北部平原3~4米,城垣宽约30米,南部城垣的东部被现代村落所压,中段保存较好,城垣顶部高出地表4~5米,宽27~30米。西城垣北段保存较好,地表仍能见到明显的南北向台地,台地高出平原2~8米。我们对南城垣和西城垣进行了解剖。以南城垣为例,城垣堆积可分为两期。以堆筑为主,未发现夯筑痕迹。第一期城垣为褐黄色夹大量灰斑土和黄土块,土质较杂,包含少量的红烧土粒和陶片。一期城垣残宽14米,现存高度为1.5米,二期城垣位于一期城垣的两侧,是在一期城垣的基础上加宽、加高形成的,为浅黄土堆积,夹褐色土块和烧土粒,较一期略显纯净,出土陶片较少,底部现存宽度约38米。二期城垣与一期城垣之间在内侧形成较厚的文化层堆积。勘探显示在西城垣中部有一个明显的缺口,宽约15米,应为城门。

在城垣外发现比较完整的环壕系统。东部及东南部地表仍可见到环形的水系,壕沟一般距城墙有8~10米的距离,宽25~35米,东南段的壕沟宽度可能超过40米,现被密集的民居覆盖。据对南城垣的解剖,壕沟开口一般在现地表下0.5~1米,沟底距开口深约2米,除了环壕,可能还存在贯通城内的南北向壕沟,其北端起点位于城垣西北角,目前地表仍能见到一个缺口,环壕的西北角有一条壕沟与古澴水相连。环壕的东南部向外亦有一条南北向的壕沟,地面形态清楚,应为整个环壕的出水口。

在城内南部与东部发现大片密集分布的红烧土堆积与灰烬层堆积,其中南部的红烧土从东向西连成一片,局部地点还存在至少二期烧土堆积。这些红烧土堆积应为当时的建筑遗迹,据此推测城内的东南部为当时的居住区,从地形看这里也是整个城垣内地势最高、地面最为平坦的地方,此次发掘揭露出屈家岭文化时期的圆形房基2座、方形房基2座、灰坑4个、瓮棺葬4座。

叶家庙城址从叠压在二期城墙下的文化层及一期城墙看,应为屈家岭文化晚期。但在南城垣外壕沟上部的堆积中发现大量的石家河文化早中期的遗物,因此推测该城址形成于屈家岭文化晚期,至石家河文化时期废弃,失去了城址的功能,这与在长江中游发现的其他史前城址的兴衰时代是一致的。

本次发掘共采集土样68份,浮选的土量总计为498升,平均每份样品的土量约为7升。在已鉴定的样品中,叶家庙遗址出土的炭化植物种子包括稻谷和粟两种农作物的炭化籽粒,其他可鉴定植物种子有黍亚科、豆科、苋科等常见的杂草类植物种子。根据现有结果推测,在叶家庙遗址居住的人群可能是以稻米作为其重要的食物来源,但粟也作为一种食物资源被利用。而出土的大量小穗轴可能也进一步反映了当时稻作农业的繁盛情况。

此次发掘我们在叶家庙城址的西部发现独立的氏族公共墓地,除了土坑墓外,还发现数量众多且分布极有规律的瓮棺葬群,共发现瓮棺葬49座,土坑墓22座。瓮棺之间有叠压、打破关系,土坑墓之间亦存在叠压、打破关系,可能存在明确的墓地规划。这是叶家庙聚落的又一重大发现。瓮棺葬头向皆向东北,排列有明显的规律。瓮棺葬的葬具可分为五类主要样式,A类为两个陶罐(鼎)套接,共6座;B类为一个尖底陶臼与一个陶罐(鼎)套接,共11

座;C类为两个尖底陶臼套接,共15座;D类为两个圜底陶臼套接,共9座;还发现E类1座,以正立的鼎为葬具。其余6座受破坏严重,不便归入以上各类。瓮棺内一般都有婴幼儿骨骼,经鉴定为0~2岁。土坑墓朝向与瓮棺葬基本一致,也是头向为东北,多为仰身直肢葬,多无随葬品。骨架保存较差。晚于瓮棺葬的是一批石家河文化早中期的灰坑,证明墓地最迟在石家河文化中期其聚落功能已改变,成为居住区的一部分。

叶家庙城址是近年来长江中游史前聚落考古的一个重大收获,它的发现具有十分重要的意义和学术价值。

从地域看,目前在长江中游已发现十多处城址聚落,但主要分布在江汉平原北部和西部、湖南澧阳平原等地。此次在鄂东北发现屈家岭文化城址,具有填补区域空白的意义。

本次发掘不仅发现了城垣、环壕等防御设施,还发现了城内供水系统和城外排水系统,另外还揭示出城内居住区、城外公共墓地、附属聚

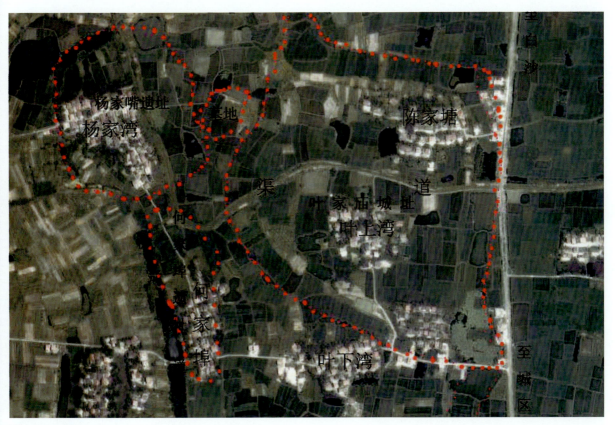

遗址分布范围
Limits of the Site

南城垣地层堆积
Stratigraphic Accumulations at the Southern City-wall

西城垣地层堆积
Stratigraphic Accumulations at the Western City-wall

落等。这使我们能够全面地了解史前城址的布局与结构以及城址的营建方式，大大增强了我们对长江中游史前城址的认识。

由于城址是衡量文明起源的重要标志之一，叶家庙城址的发现使我们有理由相信以孝感为中心的澴水流域在史前时期文化已处于非常发达的程度，可能已进入早期文明起源的阶段，这对于进一步认识该区域社会组织形态、史前文明化进程具有十分重要的意义。

此次发掘再次发现了炭化稻米，进一步说明屈家岭文化时期长江中游已经处于比较成熟的稻作农业阶段，而粟的首次发现则说明原始农业资源的复杂性和食物来源的多样性。

首次在长江中游地区发现屈家岭文化时期的瓮棺葬群，而首次发现利用大型陶缸和陶臼作为葬具，对于研究长江中游地区的葬俗和原始宗教具有十分重要的意义。

（供稿：刘辉）

屈家岭文化方形房基
Square House-foundation
of the Qujialing Culture

土坑墓
Earthen-pit Tombs

A类瓮棺葬
Urn Burial of Type A

B类瓮棺葬
Urn Burial of Type B

C类瓮棺葬
Urn Burial of Type C

D类瓮棺葬
Urn Burial of Type D

E类瓮棺葬
Urn Burial of Type E

瓮棺葬
Urn Burials

The Yejiamiao site is located at Yejiamiao and Qifen villages of Pengxing Township in Xiaogan City, Hubei Province. In March 2008 to June 2009, the Hubei Provincial Institute of Cultural Relics and Archaeology carried out there archaeological survey, drilling and excavation. The site consists of four parts: the Yejiamiao city-site, the cemetery outside the city, the auxiliary Yangjiazui site and the auxiliary Hejiabu site. It is a large-sized Neolithic settlement and measures 870 m in length from the west to the east and about 650 m in width from the north to the south, occupying an area of about 560,000 sq m. The city was formed in the late Qujialing Culture period and abandoned in the early Shijiahe Culture period. It has a rectangular plan and is surrounded by an extant moat system, which was connected to the ancient Huanshui River running through the area outside the northwestern city-wall. This is the first time archaeological excavation has revealed a late Neolithic city-site in northeastern Hubei. The unearthed data enriched our understanding of prehistoric cities in the middle Yangtze River valley and have important value to studying into the form of social organization, the civilizing course and the primitive farming, burial custom and religion of prehistoric times in that region.

湖南湘阴青山
新石器时代遗址发掘

EXCAVATION OF THE NEOLITHIC QINGSHAN SITE IN XIANGYIN, HUNAN

近30年来的考古研究表明，环洞庭湖地区是研究长江中游新石器文化谱系结构的重要区域之一。其中，洞庭湖西北部平原（包括澧水中下游）的地理位置相对闭塞，文化嬗变相对稳定，文化序列及谱系结构已基本清楚；洞庭湖东南部地区，包括湘、资、沅三水下游，由于其相对开放的特殊地理位置，长江中、下游文化在此长期交错、争逐、融合，因而其文化往往表现出异彩纷呈的面貌。然而，长期以来由于该区域的考古工作相对薄弱，我们对其文化的来龙去脉并非清楚。为此，2008年10～12月，经国家文物局批准，湖南省文物考古研究所会同市、县两级文物部门，对已遭严重破坏的青山遗址进行了抢救性发掘，并于2009年上半年对遗址出土的遗物进行了初步整理。

青山遗址位于湘阴县青潭乡青山岛东南隅，处于洞庭湖东南部的东洞庭湖与南洞庭湖相通的咽喉位置。遗址周围分别被荷叶湖、梅子湖、横岭湖环绕，东南距湘阴县城约20公里。遗址呈不规则新月形，西部因围湖造田已被破坏殆尽，现存面积约3万平方米，海拔约25米，地理坐标为东经112°50′47.24″，北纬28°51′31.84″。本次发掘在遗址东部边缘区域共开探方16个，实际发掘面积为355平方米。

由于遗址常年被水淹，只有枯水季节才能露出水面，因而地表现已覆盖一层厚淤沙。淤沙之下即为文化层，厚0.6～1.2米。勘探证实，遗址原生地貌由南往北倾斜，故文化堆积也相应地呈斜坡状。遗址堆积较为简单，发掘区内有三个文化层，土质、土色及包含物的差别不大，说明遗址的沿袭时间不长。

本次发掘发现了大量的遗迹，有灰坑、墓葬、房址、黄土台及栅围等。其中，灰坑73个，分布密集，且多有打破或叠压关系，出土遗物最为丰富。形状多为圆形或椭圆形，部分为方形坑，前者一般为圜底，后者多为平底或双平底，可能具有储藏功能。墓葬有4座，形状仅见长椭圆和长方形两种，随葬一般生活器皿，个别墓葬有朽碎骨渣。房址修筑在人工堆筑的黄土台上，成排分布，其中一间（F1）被完整地揭露出来，但受破坏严重，残存基槽及少量柱洞，为长方形，面积近50平方米，地面有少量红烧土及生活用器。黄土台的范围尚不清楚，但在其北侧

遗址位置
Location of the Site

发现一段长约13米围绕黄土台的栅墙基槽，基槽内有密集的木桩窝痕，且分布匀称。该栅围应是黄土台上建筑物的附属设施，其目的显然是为了防御。

本次发掘出土的遗物十分丰富，包括陶器、石器、玉器、骨器等。陶器主要以夹砂和夹炭红褐陶为主，其次为泥质灰陶和黑陶，泥质白陶、白衣陶、黄白陶、橙黄陶及夹炭红衣陶也有一定比例。纹饰发达，常见细绳纹、刻划纹、戳印纹、连珠纹、篦点纹、镂孔等，另有少量乳丁纹、泥突等，素面陶较少。器类丰富，常见鼎、釜、罐、碗、盘、豆、簋、甑、盆、盖等，另有少量带耳鏊或带流器、纺轮、陶球、陶拍、陶饼形器及小陶塑等。以三足、圈足及平底器为大宗器类，圜底器相对较少。各式鼎足、白陶、白衣陶以及繁缛的刻划纹、戳印纹、篦点纹及镂孔成为该遗址最鲜明的特征。石器发达，出土石器近200件，但制作工艺粗糙。器类以石斧为多，次为石锛，另有少量穿孔石铲、石凿、石饼形器及砺石等。玉器有3件，均为佩戴饰件。根据陶器的特征分析，初步推断该遗址的年代相当于洞庭湖西北部平原大溪文化中晚期。

通过整理发现，该遗址的文化内涵主要有两个特点。其一，文化面貌新颖独特，与洞庭湖西北部澧阳平原大溪文化有较大差异，从而证明洞庭湖东南部地区是一个独立的考古学文化区域，而青山文化遗存就是该区域文化的典型代表。其二，文化因素极其复杂。其中，以釜、白陶、白衣陶及少量夹炭红衣陶为代表的一组因素，显然是受到了洞庭湖西北部澧阳平原大溪文化中晚期文化因素的强烈影响；而以鼎、豆及少量灰、黑陶为代表的一组器物，则明显具有汉东边畈—油子岭文化及长江下游某些文化因素，表明二者有千丝万缕的联系；另外，器表复杂多变的纹饰，尤其是繁缛的戳印纹、刻划纹、篦点纹及大量鼎、豆的形态又与本区域内湘潭堆子岭、汨罗附山园、临湘托坝以及华容板桥湖等遗址更为接近。可见，青山文化遗存既有本区域文化的因素，又受到来自西北部大溪文化的强烈影响，同时还有来自东北部长江下游及汉东地区的文化因素。这种多文化因素共存的现象，真实地反映了长江中、下游地区史前文化在此相互争逐、融合的历史过程。

H17出土器物
Objects from Ash-pit H17

结合洞庭湖及邻近地区相关材料的综合分析，我们认为双方争逐的最终结果是来自东北方的势力胜出，而且迅速完成了对环洞庭湖地区土著文化的改造和统一，从而形成一支更为强势的文化遗存，并在稍晚时候向西、向南等邻近地区纵深扩展。有迹象表明这一扩展势头大致有三个方向：一是根据汉寿马兰嘴、安乡汤家岗、澧县城头山等同时期遗存分析，青山文化遗存曾向西逆势延伸到了洞庭湖西北部澧阳平原强势文化区的腹地；二是根据辰溪溪口、潭坎大地等遗址的发现，该类文化遗存曾对沅水中上游地区进行过有力争逐；三是向南溯湘江而上对湘江流域也施加了一定影响。

值得注意的是，青山遗址海拔只有25米，在洞庭湖地区现已发掘的新石器时代遗址中，海拔是最低的，这给我们研究洞庭湖这种低海拔湿地环境下的史前聚落提供了两点启发。一是史前时期洞庭湖平原可能有比现今更为广阔的生存空间，遗址的数量应比现在发现的要多，只是由于洞庭湖的不断沉降、淤积，因而大批遗址可能已被淹埋，因此我们今后在该区域从事聚落研究时应给予足够的关注。二是从青山遗址反映的古地貌信息分析，当时的人们临水而居，水患是人们选择居址所要考虑的首要因素。为了抬升居住面，人们不得不进行大规模的宜居动土活动，如人工堆筑黄土台等。因此，这种低海拔湿地环境下的史前聚落可能有其独特的形态特征、定居方式及生业模式。青山遗址为该类聚落考古提供了研究实例。

（供稿：尹检顺　徐佳林）

H73出土陶鼎
Pottery *Ding* Tripod
from Ash-pit H73

H31出土陶鼎
Pottery *Ding* Tripod
from Ash-pit H31

M1出土陶豆
Pottery *Dou* Stemmed
Vessel from Tomb M1

T11出土黑陶碗
Black Pottery Bowl from
Excavation Square T11

T13出土陶罐
Pottery Jar from
Excavation Square T13

H73出土陶罐
Pottery jar from
Ash-pit H73

栅围基槽（G8）
Paling Foundation－trench G8

The Qingshan site is situated in the southeastern corner of Qingshan Island of Qingtan Township in Xiangyin County, Hunan, lying at the passage between the east and the south of Dongting Lake. In October to December 2008, the Hunan Provincial Institute of Cultural Relics and Archaeology carried out there excavation. The site occupies an area of about 30,000 sq m, and the excavation covered 355 sq m, where abundant vestiges and objects were brought to light. Among the vestiges are ash-pits, elongated-oval and rectangular tombs, house-foundations, loess platforms and palings. The objects include pottery, stone and jade artifacts. Judged by the features of the pottery, the Qingshan site can be dated to the time corresponding to the mid and late Daxi culture. Culturally the site shows a novel and distinct aspect much different from that of the Daxi culture in the plain to the northwest of the Dongting Lake. It is intricate in cultural content, having elements characteristic of the Duiziling and Fushanyuan remains in the present area as well as those reflecting influence from the Daxi culture and spread from the lower Yangtze River valley and the area to the east of the Hanshui River. This picture reflects the course of prehistoric cultural amalgamation in the middle and lower Yangtze River valley.

T6出土陶釜
Pottery *Fu* Cauldron
from Excavation
Square T6

T6出土陶拍
Pottery-making Pat
from Excavation
Square T6

T12出土陶饼形器
Pottery Disc from
Excavation Square T12

T9出土陶塑
Pottery Sculpture from
Excavation Square T9

遗址出土陶鼎足
Pottery *Ding* Tripod
Legs from the Site

T13出土戳印纹白陶器
White Pottery Vessel with
Pierced and Stamped Pattern
from Excavation Square T13

T13出土石铲
Stone Spade from
Excavation Square T13

遗址出土玉器
Jades from the Site

四川屏山

向家坝库区叫化岩遗址

JIAOHUAYAN SITE IN THE XIANGJIABA RESERVOIR AREA IN PINGSHAN, SICHUAN

叫化岩遗址位于屏山县楼东乡沙坝村三组，地处金沙江北岸一至四级台地上。分布面积约4000平方米，核心区域面积约2000平方米。东与长沙地遗址相接，西以冲沟为界，北为屏—楼公路，南距金沙江约20米。该遗址系2007年12月为配合向家坝水电站建设，进行文物点复核时发现。2009年6～9月首次进行发掘，发掘面积2500平方米。从地层堆积看，第1层为耕土层，第2层为扰土层，第3、4层为明清地层，第5层为间歇层，第6～8层为新石器时期地层。本次发掘共清理各时期房址11座，墓葬16座，灰坑27个，灰沟2条，灶1个。出土各类遗物共计563件（组）。

新石器时期房址7座，均为地面建筑。根据建筑形式的不同，可分为两类。第一类有2座，有基槽、柱洞。以F8为例，开口在第8层下，打破生土。方向350°。残长1.06、宽1.78米。基槽宽22、深16厘米。填土为灰褐色半沙土夹杂少量黄褐色沙土。在基槽内发现柱洞9个，直径8～19、深14～22厘米。第二类有5座，无基槽，有柱洞。其中F9开口在第6层下，打破第7层，方向10°。东西长约3.65、南北宽约3.3米，面积约12平方米。由11个柱洞围成，柱径18～24厘米。柱洞深25～43厘米。

柱洞内的填土为黑灰色半沙土。靠近南侧有灶一个。F10开口在第6层下，打破第7层，方向4°。东西长2.9、南北宽2.35米，面积约6.8平方米。由9个柱洞围成，部分延伸至北隔梁下。靠南侧有灶一个，内填浅黑褐色半沙土。北侧有门道。

新石器时期灰坑10个，其中圆形2个，椭圆形4个，长条形2个，不规则形2个。H33的平面呈椭圆形，开口在第6层下，打破第7、8层。坑口距地表1.24～1.26米，坑深0.5～0.58米。长径0.92、短径0.64米。填土为浅黑灰色半沙土，内含少量炭屑、兽骨以及有火烧痕迹的石块。出土有夹砂黑褐陶片和夹砂灰陶片。H34的平面呈长条形，开口在第8层下，打破生土层。坑口距地表约1.6米，坑深0.07～0.16米。东西长，南北短，长径1.98、短径约0.82米。填土为灰褐和黄褐色土夹杂，含少量炭屑及碎石块。出土有少量夹砂黑褐陶片，器表饰绳纹。

本次发掘出土新石器时代陶片约5000片。陶质包括夹砂陶和泥质陶，以夹砂陶为主。陶色包括黄褐陶、红褐陶、黑褐陶和灰陶。可辨器形有花边口绳纹罐、喇叭口高领罐、宽沿平底器和盘口器、敛口卷沿罐、敞口折口罐、内折沿钵、折腹罐等。袋

F8（北一南）
House-foundation F8 (photo from north to south)

F9（东一西）
House-foundation F9 (photo from east to west)

M10（东一西）
Tomb M10 (photo from east to west)

饰有绳纹、细线纹、篦纹、附加堆纹、凹弦纹、凸弦纹等。

出土石器主要为磨制石器。种类包括石斧、石锛、石刀、刮削器和石核等。石斧、石锛均为长条形或梯形，不见有肩石斧和有段石锛。

战国晚期至西汉早期遗存：共发现墓葬14座，分布在发掘区的三、四级阶地。其中三级阶地有9座，四级阶地有5座。三级阶地的墓葬开口在第2层下，四级阶地的墓葬开口在第4层下。墓葬均为竖穴土坑墓。可辨葬式均为仰身直肢葬。随葬品有铜器、陶器、铁器、石器、贝壳和兽骨等，共计203件（组）。

M10开口在第2层下，打破第5、6层。竖穴土坑墓，填土为浅褐色黏土夹杂浅黄色半沙土。墓长3.7、宽1.4、残深0.45米，方向176°。人骨保存较为完整，葬式为仰身直肢葬。随葬器物35件（组），包括陶器、铜器、铁器、贝壳、兽骨等。陶器有陶罐、陶釜、陶豆等。铜器有铜釜、铜剑、铜矛、铜带钩、铜环、铜印章等。

M15开口在第2层下，打破第6层和生土。竖穴土坑墓，填土为灰褐色半沙土夹杂黄褐色沙土。方向175°。长3.7、宽0.84、残深0.4米。人骨保存状况一般，仰身直肢葬。随葬器物37件（组），包括陶器、铜器、铁器、贝壳、兽骨等。陶器有陶壶、陶罐、陶釜、陶豆等。铜器有铜印章、铜环、银带钩等。

M8开口在第2层下，打破第3、4层。竖穴土坑墓，填土为黑褐色和黄色沙土夹杂。残长2.4、宽1.2、残深0.36米。方向177°。人骨腐朽严重，葬式不明。随葬器物9件，有陶单耳罐、陶釜甑、陶豆、铁削等。

M6开口在第2层下，打破第3~6层。竖穴土坑墓，填土可分为两层，下层为黄褐色半沙土，上层为黑褐色半沙土。墓长3.8、宽2.7、残深0.98米。方向175°。人骨残存部分头盖骨、牙齿和下肢骨。出土器物21件（组），其中陶器有罐、釜、豆等，铜器有印章和半两钱，铁器有釜和削。

明清时期遗存：共发现房址4座，墓葬1座，

第7层出土陶片
Potshards from the Seventh Layer

第6层出土石刀
Stone Knife from the Sixth Layer

灰坑17个，沟2条，灶1个。其中F2长约6.8、宽约2.2米，面积约15平方米，方向180°。由墙基、灶、门道和生活面组成。另在该房址东侧修有石砌排水系统，长约18米。出土器物主要为青花瓷器和釉陶器。

本次发掘的新石器时代的遗存，根据地层关系和器物组合，可分为三期。第三期的出土器物可与宝墩文化的器物进行比较。从器形和器物组合看，叫化岩遗址第三期应相当于宝墩遗址的一期I段，但从陶质和纹饰的比例来看，更接近宝墩遗址III区的第8、9层，因此叫化岩遗址第三期的年代应相当于宝墩遗址一期I段或略早。第二期的绳纹花边口罐，其特点为折沿、圆唇或尖圆唇，陶胎较薄，同时共出有内折沿钵和卷沿折腹罐，这组器物与峡江地区哨棚嘴第二期文化的器物类似，因此年代也应该大致相当。第一期由于出土的器物较少，文化面貌也较独特，尚缺少可对比的材料，但从地层叠压关系来看，应该早于哨棚嘴二期。通过以上对比，我们认为该遗址的年代在距今5000～4700年。从该遗址所呈现的文化内涵来看，具有其自身的特色，叫化岩遗址的第一至三期，土著文化因素始终占据主导地位，并且在发展上具有延续性，应属于同一文化的前后不同发展阶段。其中第一期的文化因素较为单纯，第二期接受了来自峡江地区的文化因素，第三期则主要受到来自成都平原宝墩文化的影响。综上所述，叫化岩遗址代表了川南地区金沙江下游的一种全新的考古学文化类型，对于建构四川地区新石器时代的谱系具有重要意义，同时也为研究金沙江流域和峡江地区、成都平原的史前文化交流提供了新材料。

战国晚期至西汉早期的墓地保存较好，未被盗掘，是在川南地区发现的最为重要的巴蜀墓地之一。出土的器物具有明显的巴蜀文化特征，证明该区域为蜀人南迁路线上的重要据点。该墓地早期明显具有楚文化因素，中期开始出现西北地区石棺葬文化的代表性器物，晚期汉式器物的比重不断加大，说明该区域正处在文化交汇的漩涡地带。

（供稿：刘志岩）

M15（东—西）
Tomb M15 (photo from east to west)

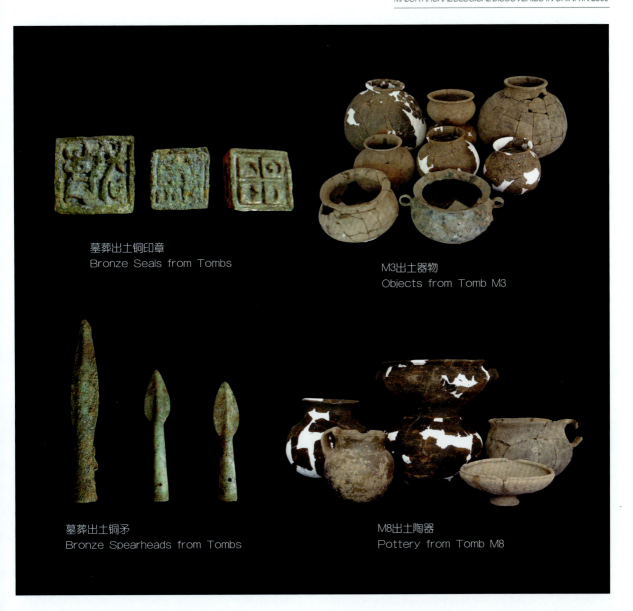

墓葬出土铜印章
Bronze Seals from Tombs

M3出土器物
Objects from Tomb M3

墓葬出土铜矛
Bronze Spearheads from Tombs

M8出土陶器
Pottery from Tomb M8

The Jiaohuayan site is located at the third community of Shaba Village in Loudong Township of Pingshan County, Sichuan Province, on the first to fourth terraces by the northern bank of the Jinsha River. In June to September 2009, in coordination with the construction of the Xiangjiaba hydropower station, the Sichuan Provincial Institute of Cultural Relics and Archaeology carried out there the first excavation, which covered an area of 2,500 sq m. The unearthed cultural relics belong largely to the Neolithic Age, the late Warring States period to the early Western Han Dynasty, and the Ming-and-Qing period. The Neolithic remains are so far the only group of this type of trace in the southern Sichuan region. In date they go back to 5000—4700 BP, and culturally show their own features and represent a completely new type in the lower Jinsha River valley. The results provided new data for research on prehistoric cultural exchange in the Jinsha River valley, the Three Gorges region and the Chengdu Plain, and have great value to the establishment of the Neolithic cultural pedigree in the Sichuan region. The revealed cemetery of the late Warring States period to the early Western Han Dynasty is one of the important Ba-Shu burial grounds. The unearthed objects present features of the Ba-Shu culture and evidence that this area held a significant position on the route of the Shu people's southward migration.

贵州贞丰
孔明坟遗址

KONGMINGFEN SITE IN ZHENFENG, GUIZHOU

孔明坟遗址位于贵州省贞丰县鲁容乡孔明村附近的孔明河与北盘江汇合处的北盘江东岸一级阶地上,总面积近1万平方米。2007年3~8月、2008年10月~2009年1月,为配合龙滩电站建设,贵州省文物考古研究所联合贞丰县文物管理所对该遗址进行了大规模抢救性考古发掘,发掘面积700余平方米。本次发掘以孔明河河沟为界,将遗址分为沟南、沟北两个发掘区,其中沟南区是发掘的重点区域,目前完成了第一阶段的发掘工作。

遗址沟南区的地层堆积分为6层,第1、2层为近现代层,第3层约为战国至汉代堆积,第4~6层为新石器时代堆积。其中新石器时代的遗存最为丰富,可细分为早、晚两期遗存。早期遗存主要包括第6层,分布在发掘区东部地势较高的区域,约为新石器时代中期偏早阶段。出土少量打制石器,未见陶片和磨制石器,打制石器的主要类型有砍砸器、手镐等,许多石制品表面风化比较严重。晚期遗存主要包括第4、5层以及叠压于这两层下的遗迹等,约为新石器时代中期。遗

迹有房址(还有一些零散的柱洞)、石铺道路、墓葬、灰坑、废料坑、石器加工点和石堆等,是本次发掘最主要的收获。

晚期遗迹又可分为前、后两段。前段包括叠压于第5层下的遗迹,主要有石器加工点、石堆、废料坑和墓葬等,具有石器制造场的性质,其分布范围主要在发掘区西部和北部地势较低的区域,临近北盘江和孔明河。石器加工点往往以一块大的石砧为中心,在石砧周围分布有很多小的石片和碎屑,显然是由于打片和修理石器而形成的;石堆多呈堆状,由分布密集的断块、碎片、砾石原料等堆积而成,很少有成品和半成品,基本上是在制作石器的过程中产生的废料。K1003是较为典型的一个废料坑,坑内堆积了大量的断块和石料,石片和石器很少,绝大多数是加工石器的过程中产生的废料。墓葬有3座,每座墓葬的上部都压有大块砾石;皆为长方形竖穴土坑墓,墓坑小而浅,其内人骨散乱且残缺不全,从葬式看都属于二次葬。其中M1007仅葬人的两段肢骨,肢骨下的填土内随葬有一件通体

遗址远眺
A Distant View of the Site

遗址发掘现场
Excavation-site of the Site

石器加工点
Stone-working Locality

石堆（北一南）
Stone Heap (photo from north to south)

磨光的石锛。后段包括叠压于第4层下的遗迹，丰富的遗迹、遗物构成了一个大规模的石器制造场，制造场分布范围遍及整个发掘区，面积超过500平方米，是迄今在贵州省境内发现的规模最大的一处新石器时代石器制造场，此外还发现有墓葬。在发掘区的东北区域发现一些石器加工点和石堆，表明是制造初级产品的场所；在发掘区的西南部发现一些建筑遗存和用于精细加工磨制石器的砺石，表明这一区域属于精细加工并兼作休憩的场所。两区之间有一段用扁平砾石和石制品铺成的简易道路相连。在道路以北、以西的区域发现6座墓葬，亦多为二次葬；各墓内均无随葬品，有的墓葬在人骨上还压有大块砾石。

在晚期遗存中获得砾石原料、石核、石片、断块、断片、石器、陶器等遗物2万余件，其中大多数为打制石器，磨制石器较少，并且基本是刃部局部磨光，通体磨光的石器极为罕见。陶片仅有数十片，且残碎，主要是灰褐和黄褐色夹砂陶，羼合料多为细小的砂砾，纹饰以绳纹为主。晚期遗存的石器工业具有以下特点。

第一，磨圆度高的河滩砾石为该工业的主要原料，岩性以砂岩和变质灰岩为主，石英、硅质

废料坑K1003
Waste Material
Pit K1003

石制品出土情况
Stone Artifacts
in Excavation

灰岩等所占比例较小。

第二，锐棱砸击法为剥片的主要方法，锤击法也有较多应用。打片方式以单向打片为主，不对石核台面进行修整，对原料的利用率较低。

第三，打制石器多用锤击法修理而成，大多数标本向一面加工，加工方向以正向加工为主，反向加工占有一定的比例，其他加工方式比较少见。石器以中型为主，大型和小型的较少。石器组合较为简单，类型主要有砍砸器、刮削器等，此外还有许多用打制方法加工而成，用以制作磨制石器的石器毛坯。

第四，磨制石器以刃部局部磨光为主，系先打成所需器形的毛坯，然后磨制刃部而成（简称磨刃石器），类型有局部磨制的石斧、锛、凿、铲等工具及毛坯，此外还有石磨盘、研磨器、砺石等。

第五，石器的生产具有规模化、标准化的特点。从主要的石器类型来看，小型砾石砍砸器、磨制石器毛坯和磨刃石器具有固定的加工形式和形态特征，显然是当时人类进行石器生产的主要目标，是生产标准化的体现。

战国至汉代的遗存主要包括第3层和灰坑等遗迹，主要分布在发掘区西部临近北盘江的区域。分布面积较小，出土遗物也较少，主要有陶器、铜器、石器等。陶器主要是一些残碎的陶片，陶色以灰褐色为主，多夹粗砂，饰绳纹，火候较高。铜器有鱼叉等。石器方面最典型的特征是出现了有肩的通体磨光石器。

通过本次发掘，我们对孔明坟遗址的史前时期遗存有以下初步认识。

第一，遗址的遗迹、遗物十分丰富，分布密集，特别是打制石器所占比例最高，是目前在贵州省境内发现的规模最大的一处新石器时代石器制造场。这一石器制造场具有明确的初级制造

区、精细加工区，这为研究这一地区史前时期打制石器和磨制石器的制作技术与过程提供了较全面的第一手资料。

第二，该遗址是贵州省北盘江流域第一处经过大规模系统发掘的新石器时代阶地遗址，对于了解北盘江流域新石器时代文化的特征以及构建这一地区的古文化发展序列具有重要的意义。贵州省的新石器时代遗址，以往多发现于洞穴之中，处于河流阶地上的新石器时代遗址在近年来才有了较多的发现，而经过大规模系统发掘的遗址更少。因而该遗址的发现和发掘具有重要的学术意义。

第三，遗址出土的打制石器在加工方法上继承了贵州省南、北盘江流域旧石器时代晚期文化的加工传统。从整个珠江流域来看，文化面貌上与广西红水河流域的新石器时代中期文化遗存具有较多的相似性。该遗址的发掘为研究北盘江流域考古学文化与珠江流域古文化的关系提供了重要资料。

（供稿：张改课 王新金 张兴龙 刘文科）

石制品出土情况
Stone Artifacts in Excavation

第5层出土陶片
Potshards from the Fifth Layer

第6层出土石制品
Stone Artifacts from the Sixth Layer

石制品
Stone Artifacts

石制品
Stone Artifacts

磨制石器
Polished Stone Implements

砺石
Grinding Stone

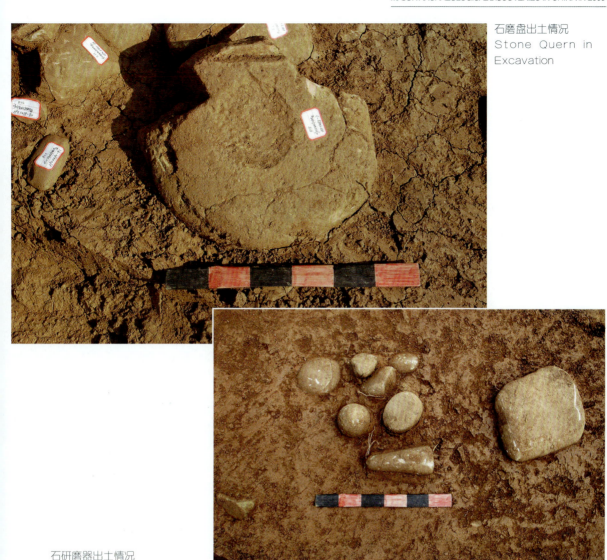

石磨盘出土情况
Stone Quern in
Excavation

石研磨器出土情况
Stone Quern in Excavation

The Kongmingfen site lies near Kongming Village of Lurong Township in Zhenfeng County, Guizhou Province, at the confluence of the Kongming and Beipan rivers, on the eastern bank of the Beipan River, and occupies an area of approximately 10,000 sq m. In March to August 2007 and October 2008 to January 2009, the Guizhou Provincial Institute of Cultural Relics and Archaeology and the Zhenfeng County Office for the Preservation of Ancient Monuments carried out joint excavations, which covered an area of more than 700 sq m. Among the cultural remains of the site the Neolithic remains come first in amount and can be divided into an early and a late phases. The latter vestiges include two temporally successive stone-working localities, of which the one beneath the fourth layer is the largest Neolithic stone-artifact workshop known presently in Guizhou Province. The site is so far the only Neolithic site revealed through large-scale systematic excavation in the Beipan River valley of Guizhou Province. It is of great academic value to researching into the features of archaeological cultures and the techniques of stone working in the Neolithic Beipan River valley, as well as the relationship of these cultures with ancient cultures in the Pearl River valley.

辽宁阜新
代海墓地

DAIHAI CEMETERY IN FUXIN, LIAONING

墓地位于辽宁省阜新市阜新蒙古族自治县旧
庙镇代海村西代海营子组西约500米处。
墓地位于北高南低的山坡上，山坡下有一条季
节性河流。

该墓地是辽宁省文物考古研究所为配合巴新
铁路（巴彦乌拉至阜新）基本建设于2006年调
查时发现。2009年7月开始对该墓地进行发掘，
发掘面积3350平方米，清理墓葬62座、灰坑31
个、灰沟5条，出土遗物160余件。

62座墓葬均开口在第1层下，为长方形或圆
角长方形的竖穴土坑墓。方向为3°～77°，其中
77%的墓葬的方向为11°～39°，排列有序，有的
墓有二层台，仅2座有墓道。除2座为夫妻合葬
墓，其余均为单人墓，其中60%的墓主为女性。
多数为侧身直肢葬和仰身直肢葬，绝大多数墓主
面向东或向西。随葬品以陶器为主，还有少量的
蚌壳制品(蚌刀、蚌坠饰)、铜环、骨锥等。陶器
以夹细砂的红陶器为主，夹砂灰褐陶次之，泥质
黑陶最少，夹细砂红陶器的表面多有一层红陶
衣。多数墓葬的南部外侧有器物坑或器物台，在

坑内或台上多陪葬一钵（碗）一罐，钵（碗）扣
在罐上，亦有陪葬多件器物的，有钵、罐、鬲。
墓主的脚下或小腿附近亦有随葬品，多为鬲，
还有鼎和小罐。现以M1、M20、M40、M47、
M61为例介绍如下。

M1的平面呈圆角长方形，墓圹长2.28、
宽0.86～1.02、深0.75米，有熟土二层台，宽
0.14～0.26、高0.18米，墓向24°。墓内埋人骨
2具，男右女左，背向，男面向西，女面向东，
均为成年人，侧身直肢，其中男墓主右腿压在
左腿上。填土为灰土，土质疏松，含有少量的
石块和陶片。在男墓主的脚下出土2件夹细砂黑
陶鬲和1件夹细砂红陶罐。在两具人骨大腿之
间出土骨锥1件，在女性腿骨之间也出土骨锥1
件。

鬲M1：1，抹光黑陶，侈口，展沿，圆
唇，弧腹，袋状空心足，足根成平足，裆部成
锐角。高11、口径10.3厘米。鬲M1：2，抹光
黑陶，口沿微外折，侈口，直腹，尖圆唇，锥
状空心足，足根成平足，裆部成锐角。高10、

口径7.6厘米。碗M1：3，夹细砂红陶，敞口，尖圆唇，弧腹，底稍内凹，底部刻划有"十"字纹，通体抹光。高5.5、口径7.8厘米。

M20的平面呈近圆角长方形，墓圹长2.2、宽0.96～1、深0.7米，墓向11°。墓内埋人骨1具，为老年女性，面向上，仰身直肢。墓室内出土夹细砂红陶碗1件和夹细砂黑褐陶鬲1件，头骨的左侧出土铜耳环1件。

碗M20：1，夹砂红陶，敛口，尖圆唇，腹部微折，平底，素面。高5.3、口径7.5厘米。鬲M20：2，夹细砂黑褐陶，展沿，圆唇，侈口，筒腹，锥状空心足，足根成平足，裆部成锐角，足部绳纹抹平，其他部位抹光。高16.8、口径12.4厘米。

M40的平面呈圆角长方形，有生土二层台，直壁，墓圹长2.4、宽1.2～1.24、深1.3米，墓向41°。墓内埋人骨2具，两具人骨压在

一起，男上女下，均为老年。男面向西，侧身直肢，左小腿压在右小腿上；女面向东，仰身直肢。在墓室南部有器物台，直壁，平底，宽0.4、深0.54米，在器物台上中部出土器物2件，其中夹细砂红陶钵1件，夹细砂红陶壶1件（钵扣在壶上）；在男墓主的脚下方出土夹细砂黑陶鬲1件。

钵M40：1，夹砂红陶，尖圆唇，口沿微外折，弧腹，腹中部偏下有两个柱状耳，平底，器表有一层红陶衣。高12.2、口径19.9厘米。壶M40：2，夹砂红陶，微侈口，尖圆唇，口沿稍外折，矮直领，鼓腹，平底，最大腹径偏上，器表有一层红陶衣。高20.3、口径12.8厘米。鬲M40：3，夹细砂黑陶，圆唇，形体矮胖，束颈，颈部有不规整的凹弦纹，口部及足部为素面，裆部成钝角，足为空心袋状足。高11.8、口径10.6厘米。

M1全景
A Full View of Tomb M1

M20全景
A Full View of Tomb M20

M47的平面呈近圆角长方形，有生土二层台，墓圹长2.6、宽1.06~1.14、深0.8米，墓向13°。墓内埋人骨1具，为青年女性，面向西，侧身直肢，左腿压在右腿上。在墓室南部外侧紧贴墓壁有一圆形器物坑，弧壁，平底，直径0.33、深0.2米，其中出土夹细砂红褐陶罐底1件，推测是钵、罐或碗、罐组合，惜已被破坏；在人骨右小腿上方出土夹细砂黑陶筒腹鬲1件。

鬲M47：2，夹细砂抹光黑陶，展沿，侈口，圆唇，筒腹，裆部成锐角，袋足附锥状实足根。高29、口径16.6厘米。

M61的平面呈近圆角长方形，墓圹长2.82、宽1.18~1.2、深1.14米，墓向36°。墓内埋人骨1具，为老年女性，面向西，仰身直肢。填土为灰土，土质疏松，在墓室的东南角距墓葬开口0.54米处出狗头骨1个，在墓室中部两侧距墓葬开口0.94米处各出狗头骨1个。在墓室南部外侧紧贴墓壁有一圆角方形的器物坑，直壁，平底，边长0.47、深0.39米，其中出土夹细砂红褐陶碗1件、夹细砂红陶壶1件（碗扣在壶上），夹细砂红褐陶豆1件、夹细砂红陶壶1件（豆扣在壶上）；在墓主两腿之间出土夹细砂红陶罐1件。

碗M61：1，夹砂红陶，侈口，圆唇，口沿微外折，弧腹，平底，器表有一层红陶衣。高8.2、口径14.8厘米。壶M61：2，夹细砂红陶。口沿微外折，侈口，叠唇，高领，鼓腹，平底。高27.6、口径11.5厘米。豆M61：3，夹砂红陶，敞口，展沿，圆唇，斜直腹，喇叭状底，器表有一层红陶衣。高13.1、口径12.8、底径9.2厘米。壶M61：4，夹砂红陶，口沿微外折，高领，尖圆唇，鼓腹，平底。高13.2、口径5.2厘米。罐M61：5，夹砂红褐陶，敛口，尖圆唇，弧腹，平底，口沿部有一竖桥状耳，器表有一层红陶衣。高7.5、口径5.6厘米。

从代海墓地的墓葬形制和出土器物看，既有夏家店下层文化的器形特点（如夏家店下层文化典型的筒腹鬲），又有高台山文化墓葬的典型特点（如墓葬形式和器物摆放方式）和器物特点（陶器器表多有一层红陶衣），因此代海墓地为研究夏家店下层文化与高台山文化之间的关系提供了新的考古学资料。

（供稿：华玉冰　徐韶钢）

M40全景
A Full View of Tomb M40

M57全景
A Full View of Tomb M57

M61全景
A Full View of Tomb M61

M1出土陶鬲
Pottery *Li* Tripod
from Tomb M1

M20出土陶鬲
Pottery *Li* Tripod
from Tomb M20

M40出土陶钵、壶
Pottery Bowl and
Pot from Tomb M40

M40出土陶鬲
Pottery *Li* Tripod
from Tomb M40

M47出土陶鬲
Pottery *Li* Tripod
from Tomb M47

M57出土陶碗、罐
Pottery Bowl and Jar
from Tomb M57

M61出土陶壶
Pottery Pot from Tomb M61

M61出土陶碗
Pottery Bowl from
Tomb M61

M61出土陶罐
Pottery Jar from Tomb M61

The Daihai cemetery is situated about 500 m to the west of the Daihai Yingzi Community west of Daihai Village in Jiumiao Town, Fuxin Mongolian Autonomous County, Fuxin City, Liaoning Province. In July to October 2009, the Liaoning Provincial Institute of Cultural Relics and Archaeology carried out there excavation, which brought to light 62 tombs with above 160 objects. The tombs are rectangular or sub-rectangular pits arranged in order and furnished with second-tier platforms in some cases and with passages only in two cases. The dead are single burials except for two joint couple ones, and are female for about 60% of the total. They are largely laid in a sideward or supine extended position, face directing to the east or west for the most. The tombs are often furnished outside the southern wall with pits or platforms for funeral objects, generally a pottery bowl placed upside down on a pottery jar. The tomb form and grave goods show features of both the Lower Xiajiadian and the Gaotaishan cultures. The excavation provided new data for studying the relationship between the two cultural complexes.

山东高青陈庄
西周城址发掘

EXCAVATION ON THE WESTERN ZHOU CITY-SITE
AT CHENZHUANG IN GAOQING, SHANDONG

为配合南水北调东线工程山东胶东输水段的建设，2008年10月～2009年12月，山东省文物考古研究所对高青县陈庄遗址进行了大规模的考古勘探和发掘，发现西周时期的城址、贵族墓葬以及可能与祭祀有关的夯土台基等重要遗迹，出土带有铭文的铜器、玉器、刻辞卜甲等重要文物，取得丰硕成果。

陈庄遗址位于山东省淄博市高青县花沟镇陈庄村东南，坐落于陈庄村和唐口村之间的小清河北岸，东北距高青县城约12公里，北距黄河约18公里，属地势平坦的黄河冲积平原。遗址中部被一条南北向的水渠破坏，将遗址分成东、西两部

分，总面积约9万平方米，文化堆积厚2～3米，文化层上部普遍覆盖近代形成的淤积层堆积，厚0.5～2.2米。整个遗址中部略高，四周低洼。从发掘情况来看，遗址的文化内涵以周代文化遗存为主，另外还有少量唐、宋、金、元时期的文化遗存。

南水北调东线工程的胶东调水段从遗址的南部东西穿过。从2008年10月开始，山东省文物考古研究所对该遗址进行了全面勘探和大规模发掘。目前已揭露面积8000余平方米，完成发掘面积6500平方米，发现了西周早中期的城址，清理灰坑、窖穴近千座及夯土台基、房基、道路、陶

发掘现场
Excavation-site

周代房基
House—foundation of the Zhou Period

马坑XK1
Horse Burial Pit XK1

马坑XK2
Horse Burial Pit XK2

M26全景
A Full View of Tomb M26

窑、水井、墓葬等遗迹，出土了大量的陶、石、骨、蚌器，还有较多的铜器、玉器等遗物。

西周城址的发现是这次发掘的重要收获。城址近方形，东西约190多米，南北约200米，呈东北—西南方向，城内面积不足4万平方米。据勘探资料，城墙被破坏较为严重，其中东、北两面城墙保存略好，残高0.5～1.2米；西城墙仅存中段，残高不足0.4米；南城墙已基本被水冲掉，仅局部残存墙体的底部。城墙的四周皆有壕沟，壕沟宽20～25米，开口距地表2～2.5米，深2～3米。为了解城墙结构和壕沟的堆积情况，对东城墙及城墙外壕沟进行了解剖，发掘资料显示，现残存城墙的顶部被黑色的自然堆积覆盖，其内侧被西周灰坑打破，尚存外坡。墙体顶部残宽5米，底部宽9～10米，残高1～1.25米。墙体系用花土分层夯筑而成，夯层厚5～8厘米，可见圜底的小棍夯窝。壕沟与城墙外坡之间的间距为2～3米，从西向东可分为4条沟，残深1～2.5米，其中WG1为时代最晚的壕沟，其上口残宽16米，最深处2.5米，其他几条壕沟皆残存底部。从出土遗物分析，这几条沟分属西周、春秋与战国时期。根据勘探和发掘资料判断，南墙中部应有一个城门，与此相对应，城内有宽20～25米的南北向道路，但城门已被晚期遗迹破坏。其余三面城墙经勘探没有发现缺口，据此判断该城址只有一座城门。

根据层位关系及出土遗物判断，该城址的时代为西周早中期，使用的时间不长。这是目前在鲁北地区发现的第一座西周城址，为研究早期齐国的历史具有重要意义。

H201出土陶鬲
Pottery *Li* Tripod from
Ash-pit H201

H236出土陶簋
Pottery *Gui* Food-container
from Ash-pit H236

M18出土陶鬲
Pottery *Li* Tripod from
Ash-pit M18

M18出土陶罐
Pottery Jar from Tomb M18

M17出土铜鼎
Bronze *Ding* Tripod
from M17

M17出土铜簋
Bronze *Gui* Food-container
from Tomb M17

M18出土铜觥
Bronze *Gong* Wine
Vessel from Tomb M18

M27出土铜盘
Bronze Basin
from Tomb M27

M27出土铜盉
Bronze *He* Tripod from Tom M27

M27出土铜簋
Bronze *Gui* Food-
container from Tomb M27

M18出土铜卣底部铭文
Inscription on the Bottom of a
Bronze *You* Swing-handled Pot
from Tomb M18

周代刻辞卜甲
Inscribed Oracle-shell of
the Zhou Period

这次发掘发现的另一重要遗迹是夯土台基，位于城内中部偏南、靠近城门的位置，距南城墙约20米。台基周边被东周遗迹打破，其中心部位呈圆台形，直径5米，面积近20平方米，残高0.7~0.8米。从内向外依次为圆圈、方形、长方形及圆圈相套叠的夯筑花土堆积，土色深浅有别。外围仍有多层水平状的堆积向外延伸，每层堆积厚5~12厘米，有的两层间夹杂白色沙土或灰烬。从形成过程分析，外围堆积可分为两期，但由于周缘多被东周遗迹打破，外围的边界不甚清晰。现残存部分东西宽约19米，南北长约21米。根据台基的形制和所处位置判断，此类台基可能与祭祀有关。

在台基中心部位的东北部和北部发现马坑2座，编号为ⅩK1、ⅩK2。马坑皆为竖穴长方形，仅有马骨架，无马具或马饰件。其中ⅩK1位于东北侧，被台基的外围垫土叠压，长5.2、宽3.5、深2.2米，坑内放置6匹马，马头向西南，马面向西，分前、后两排整齐摆放，前排2匹，后排4匹，其前部2匹马的马头部分被一战国时期的方坑打破。ⅩK2位于西北侧，被台基外围的最晚期堆积叠压，打破第二期堆积。坑长2.5、宽2.1、

M18出土铜簋底部铭文

Inscription on the Bottom of the Bronze *Gui* Food-container from Tomb M18

深1.4米，内埋2匹马，头向北，其中东侧马的臀部斜压于西侧马上。由于马坑的北部尚未发掘，因此与马坑直接相关的遗迹还有待于下一步发掘工作的证实。

在城内东南部发现西周时期的墓地，目前已清理墓葬7座，皆为竖穴土坑墓。墓圹一般长3.5~5、宽2.5~3.5、深5~8米。大多一棺一椁，有头箱。随葬的陶器、铜器皆在头箱内。个别棺内有少量玉器或海贝串饰。已出土铜器20余件，分别出自3座墓，其中M27是已发掘的墓葬中规模最大的一座，墓圹长6、宽3.7、深8.2米。棺椁保存较好，其中底部的棺木尚未腐朽。墓主骨架尚存，头向东北。随葬品皆置于头箱内，出土铜器10余件，有鼎、簋、觥、爵、甗、尊、卣、盉、盘等，陶器有鬲和罐两种，另外还有少量的玉器和海贝串饰。M18的墓口长3.4、宽1.8米，深5.4米，墓内填黄褐色花土。出土的铜器锈蚀严重，保存较差，多已破碎，有簋、觥、甗、卣、觥、戈等，其中鼎、簋、觥、甗、卣上有铭文，铭文大部分字迹清晰，铭文内容有"丰般作文祖甲齐公尊彝"、"丰般作爵祖甲齐公宝尊彝"等。M17出土的铜器有鼎、簋两种。其他几座墓葬的随葬品主要为陶器。从出土铜器的组合和器形特征看，应属于西周早期的遗物，但出土的陶鬲等的时代稍晚，据此判断这批墓葬的年代约为西周早期偏晚或西周中期。铜器上的铭文具有十分重要的研究价值，特别是"齐公"铭文对于研究"丰"与齐国的关系以及齐国早期历史具有重要的意义。

另外，该遗址还出土了一些周代卜甲，其中一件残片上残存有刻辞，这是目前在山东地区首次发现的西周刻辞卜甲。

此次发掘清理了大量的灰坑和窖穴，多为圆形或椭圆形，较为规整。发现的房址遭破坏较严重，水井有木构架结构、圆形、半圆形等不同形状。

陈庄遗址是近年来在山东地区发掘的周代遗址中最重要的一处，目前发掘工作仍在进行中，从已取得的阶段性成果看，已在许多方面填补了山东地区周代考古的空白，引起了学术界的高度重视，对于研究鲁北地区早期齐文化具有重要的意义。

（供稿：郑同修　高明奎　魏成敏）

M27出土玉饰
Jade Ornament
from Tomb M27

M27出土玉牌饰
Jade Plaque from Tomb M27

M27出土玉牌饰
Jade Plaque from
Tomb M27

M16出土玉戈
Jade *Ge* Dagger-axe from Tomb M16

M16出土玉鱼
Jade Fish from Tomb M16

The Chenzhuang site is located southeast of Chenzhuang Village of Huagou Town in Gaoqing County, Shandong Province. In October 2008 to December 2009, the Shandong Provincial Institute of Cultural Relics and Archaeology carried out on the site prospecting and excavation, which covered an area of 6,500 sq m. The revealed Western Zhou city-site, aristocratic tombs, rammed-earth platforms, etc. may have been concerned with sacrifice. They yielded bronze, jade, stone, bone, antler and shell objects and inscribed oracle-shells. This is the first time archaeology has discovered a Western Zhou city-site. It goes back to the early and mid Western Zhou and must have been concerned with the Qi State for its location in the vicinity of the Qi capital. The unearthed bronzes are partly bear inscriptions, which have great value to the study of the relationship of the "Feng" with the Qi State and the early history of the Qi. The Western Zhou inscribed oracle shells are so far the only finds of this type in the Shandong region. Besides the Western Zhou remains, there are cultural relics of the Eastern Zhou to the Tang, Song, Jin and Yuan periods.

河南正阳
闰楼商代墓地

SHANG PERIOD CEMETERY AT RUNLOU IN ZHENGYANG, HENAN

驻马店市正阳县闰楼商代墓地是近年来在淮河流域上游地区新发现的一处重要的商代贵族及贫民墓群，墓葬密集地分布在文殊河南岸的两条岗地上，并且墓地及周围有商代聚落遗址，是一处具有较高学术价值的古代历史文化遗存。由于该墓群地处正阳、汝南两县交界处，环境复杂，该遗存遭到严重破坏。2008～2009年由河南省文物考古研究所、驻马店市文物考古管理所联合对该墓地进行了抢救性发掘。发掘商周墓、唐墓、宋墓、明墓、清墓共149座，探方23个，发掘总面积18000平方米。出土商代铜器、玉器、陶器、骨器、石器共452件，清理房基、灰坑、井、窑等遗迹30余处。

闰楼商代墓地位于正阳县东北14公里的付寨乡付寨村闰楼自然村北部的两条岗脊之上，岗地由南向北延伸至河边，当地群众称之为"二龙戏珠"，北部高亢之处称为"老龙头"。属文殊河南岸的二级台地，高出河床7～10米，西北部环水，东部紧邻刘楼村。地理坐标为东经114°25′40.1″，北纬32°45′35.7″，海拔50～56米。东西长1500、南北宽1000米，面积约为150万平方米。地势北高西低且起伏不平，属河前岗地地形。文殊河从墓群西、北部蜿蜒向东流过，墓葬多集中分布在河南岸的东、西两条岗地的半坡之上。

由于墓地的面积较大，根据实际工作情况和发掘要求，我们将墓地划分为三个发掘区，由西向东分别为：西岗为Ⅰ区，东岗为Ⅲ区，两岗之间的台地为Ⅱ区。墓葬多集中分布在Ⅰ区、Ⅲ区。

Ⅰ区是一条南北走向的土岗，当地群众称为"老龙头"。北高南低，南北长450米，东西宽225～100米，总面积67500平方米。共发掘墓葬93座，10米×10米的探方10个。从已发掘的情况看，整个"龙头"之上都有墓葬，但不集中，龙头北侧多为成组墓葬，东西排列，较规整，规格也很高，但被盗扰严重；其次，岗的颈部分布两排中型墓，面积在5.6平方米以上，排列有序，初步推断为家族墓或氏族墓。其余墓葬分布在岗脊东侧的半坡之上，较密集，不成排，也无规律，其中有中型墓和小型墓交叉分布的情况。而西侧墓葬分布零星，且有晚期的墓葬。

Ⅱ区位于Ⅰ区东侧的台地上，南北长320、东西宽130～250米，总面积58800平方米，共开探方13个，发掘墓葬10座。从勘探和发掘情况看，这里墓葬分布较少，未发现有地层堆积，但有井、灰坑等遗迹。墓葬多为小型墓，并且有唐代和明代等墓葬。

Ⅲ区位于Ⅱ区东侧的南北走向的土岗之上，与Ⅰ区土岗东西相望，加上Ⅱ区的台地，形成怀抱之势，南北长800、东西宽150～350米，总面积为20万平方米。共发掘墓葬46座，多排列有序，中型墓和小型墓交错排列，集中分布在岗西

M51全景（南—北）
A Full View Of Tomb M51 (photo from south to north)

M72随葬器物出土情况
Funeral Objects of Tomb M72 Being in Excavation

侧的半坡之处。

　　共发掘墓葬149座，其中商墓142座，唐墓4座，宋墓1座，明墓1座，清墓1座。本文仅略述商墓。

　　根据墓葬的形制与结构，可分为中型长方竖穴土坑墓、小型长方竖穴土坑墓、长条形竖穴土坑墓、平民墓。

　　中型长方竖穴土坑墓的平面呈长方形，开口面积一般在5.6平方米以上，有的甚至超过7平方米，目前初步统计这类墓葬已发掘23座。墓葬的形制与结构相近，均设有二层台、腰坑，并且有殉狗4～6只，四壁及墓底经夯筑，有的墓葬四壁经过加工，涂有铁锈斑结核，起防潮作用。填土为五花土，经夯打，墓地一般铺有苇席及朱砂。此类墓葬的随葬品丰富，但盗扰严重，在

清理盗洞的过程中，不时发现有玉器残片和精美的铜器残片，据此推断这些墓葬应随葬有一定数量的玉器和铜器。这类墓葬一般较深，规格较高，筑墓讲究。此类墓葬的方向多为15°、18°、20°。

　　M53的平面呈长方形，方向18°，长3.2、宽1.8米。四壁经横向打夯，夯层明显，每层涂有铁锈斑结核，用于加固和防潮，夯层分6层，厚4～8厘米。墓底有二层台，台上四角放置4只殉狗，中部置一件陶簋，人骨架保存一般，仰身直肢，单棺无椁。棺底有50厘米×30厘米的长方形腰坑，腰坑内放置殉狗，随葬品置于腰部、胸部和头部。随葬器物有铜鼎、爵、觚、刀、戈、凿、锛及石刀、陶簋。

　　小型长方竖穴土坑墓有52座，大多长2～

2.6、宽0.8~1.2米，墓室的面积一般为2.5~3平方米，均设有二层台和腰坑，二层台上放置有殉狗1~5只，绝大多数墓中有棺木，有10余座墓无棺木和葬具，用席类殓葬。随葬品较少，多为铜觚、爵及小件玉器。

M97的平面呈长方形，方向15°，长2.3、宽1.2米，四壁较直，加工平整，填土经夯筑。墓底有二层台，台上两侧置殉狗2只，单棺已朽，残存有黑、红相间的彩绘漆痕。人骨架保存较好，仰身直肢，腰部有42厘米×30厘米的椭圆形腰坑。铜觚、爵置于头部两侧，腰侧放置铜刀、戈各一件。

长条形竖穴土坑墓有26座，一般长1.8~2.6、宽0.4~1.3米，方向10°~15°。此类墓室狭长，四壁陡直且规整，一般在头部上方放置陶簋或陶豆一件，墓室有的有二层台，部分未见二层台，棺室四周有殉狗2~5只。随葬品较少，有铜觚、戈和玉佩等。

M51的平面呈长条形，方向12°，长2.9、宽1.3、深1米。墓室狭长，四壁较直且规整，二层台上放置陶簋1件，有殉狗痕迹。单棺，仰身直肢，椭圆形腰坑。在头部南侧放置铜戈、铜爵、铜觚、骨器各一件，在骨架的东侧放置铜镞2件、骨簪1件，在骨架的西侧放置铜戈1件。

贫民墓为长方形竖穴土坑墓，共41座。一般长1.8~2.2、宽0.42~1米，四壁较直，墓室较浅，深0.16~1米，无葬具和随葬品。

M129为长方形竖穴土坑墓，长1.8、宽0.8、深0.5米。无二层台和腰坑，仰身直肢，双手交叉置于腹部，无葬具和随葬器物。

此次发掘出土商代铜器、玉器、骨器、石器、陶器等共452件。铜器有鼎、斝、尊、觚、爵、钺、戈、矛、镞、刀、削、锛、凿等，玉器有璜、圭、瑗、戚、鱼、戈、刀、柄形器、管形器、珠、簪等，骨器有匕、镞、簪等，石器有斧、锛、刀、纺轮等，陶器有觚、簋、豆、鬲、瓶、盘、罐等。

驻马店市正阳县闰楼墓地是近年来在豫南地区新发现的一处重要的大型商代晚期贵族墓群。墓地的面积较大，墓葬分布密集，更重要的是，在该墓地及墓地周围还有商代遗址，为研究豫南地区淮河流域上游晚商文化及淮夷集团的政治、经济、文化具有较高的学术价值。

商代遗址多分布在墓地的西部和南部，墓葬打破遗址，发现的遗迹有房基、灰坑、灰沟、井等，遗物丰富，出土有陶器、石器、铜器、玉器、兽骨等，特别是商代硬白陶及精美的玉器、铜器证明该遗址是淮河流域上游地区的一处重要方国及高度文明的商代聚落遗址。该遗址地处华北大平原的边缘地带，向北即进入商王朝的中心黄河流域，向南跨越淮河就是商代晚期重要息族方国，地理位置十分重要。

M30出土玉虎
Jade Tiger from Tomb M30

M117出土玉瑗
Jade *Yuan* Disc with an Orifice from Tomb M117

M104出土铜鼎
Bronze *Ding* Tripod from
Tomb M104

M71出土铜爵
Bronze *Jue* Three-legged Cup
from Tomb M71

M60出土铜爵
Bronze *Jue* Three-legged
Cup from Tomb M60

M60出土铜戈
Bronze *Ge* Dagger-axe from
Tomb M60

它与中原商王朝保持着密切的关系，同时也与淮河流域诸国有联系，表现在闰楼商代聚落遗址的文化特征上，基本与中原商王朝文化相一致而又具有地方特点。

闰楼贵族墓地的墓葬分布密集，形制多样，既有相对集中的贵族墓葬群，又有结构小而精的商代武士墓葬，还有部分简陋的平民墓葬，对于研究商代墓葬的形制和丧葬习俗具有重要的价值。特别是闰楼墓地的中型墓葬，殉狗以及随葬大量的铜礼器、玉器，墓葬的规模较大，种种迹象表明这个商代晚期墓地是一个同一族属世代相袭的贵族公共墓地。

《诗经·商颂》中记载了商朝武丁时期征伐南方荆楚的史实，闰楼商代墓地出土了大批铜兵器，特别是象征兵权的铜钺，表明墓地主人的先祖可能与此有关。闰楼商代贵族墓地出土的实物资料，从一个侧面证实了这段历史。

（供稿：刘文阁　余新宏　刘群　李安娜）

M60出土玉饰件
Jade Ornament from Tomb M60

M80出土玉饰件
Jade Ornament from Tomb M80

M14出土玉鱼
Jade Fish from Tomb M14

M60出土玉管
Jade Tube from Tomb M60

M80出土玉簪
Jade Hairpin from Tomb M80

M113出土陶簋
Pottery *Gui* Food-container from Tomb M113

M80出土陶豆
Pottery *Dou* Stemmed Vessel from Tomb M80

J2出土陶鬲
Pottery *Li* Tripod from Well J2

The Shang period Runlou cemetery lies to the north of Runlou Hamlet of Fuzhai Village at Fuzhai Township in Zhengyang County, Henan, on the ridges of two hills, and occupies an area of about 150,000 sq m. In 2008 to 2009, the Henan Provincial Institute of Cultural Relics and Archaeology and the Zhumadian Municipal Institute for the Preservation of Ancient Monuments and Archaeology carried out joint excavation in the cemetery. They revealed 149 tombs, of which 142 belong to the Shang period. The unearthed Shang objects number 452 pieces, including bronzes, jades, bone and stone implements, and pottery vessels. The tombs are largely medium- and small-sized graves rowed in groups and furnished with second-tier platforms and waist pits in most cases. They are widely varied in form, falling into aristocratic tombs in good order, smaller-sized ones of Shang period Warriors and humble, rather small ones of common people. The excavation is of great significance to researching into the tomb form and burial custom of the late Shang period and provided valuable data for studying the development of the Shang culture in the upper Huaihe River.

洹北商城

宫城勘探与二号基址发掘

PROSPECTING ON THE SHANG PALACE-CITY-SITE TO THE NORTH OF THE HUANHE RIVER AND EXCAVATION OF PALACE-FOUNDATION NO. 2 IN THE SAME AREA

洹北商城自发现以来，相关考古工作从未间断。钻探与发掘工作相结合，取得一定的成果。对于全面了解洹北商城的布局，起到了至关重要的作用。

2005年，对洹北商城遗址进行了更大规模的钻探。此次钻探除在洹北商城东部发现大范围的夯土基址外，在洹北商城的西南隅发现一座方形小城。2006年因殷墟申报世界文化遗产，针对洹北商城的田野工作暂时停顿了一年。2008年，为配合殷墟科学发掘80周年庆典活动，让与会学者更好地观摩洹北商城近几年的工作成果，经国家文物局批准，安阳工作队发掘了洹北商城二号宫殿基址。

宫城位于洹北商城南部略偏东。平面呈长方形。方向13°。长795米，宽度超过515米。宫城面积不小于41万平方米。过去发现的大型夯土建筑基址，均位于此次发现的宫城城垣以内。从解剖的情况来看，宫城北墙由基槽和墙体两部分组成。基槽的剖面呈不规则倒梯形。解剖所得剖面为口宽6.4米，底宽约5.8米。由于探方与城墙走向有夹角，该剖面的宽度大于城墙基槽的真实宽度。现场测得基槽的真实宽度为6.2米。基槽底部不甚平整。自厚0.75～1.25米。基槽系以黑褐色土夯打而成。共可观察到8层10～20厘米的夯层。

基槽之上是城墙的墙体，残留了两层夯土，高约0.35米。其剖面呈梯形，口窄底宽。现场测得墙体的真实宽度为5.4米。墙体土质纯净，颜色浅黄，夯打较硬，可见夯窝，土中偶遇陶片。

墙体两侧护坡土呈坡状堆积，土呈黄褐色。

位于洹北商城西南隅的小城，平面近方形，东西长约240米，南北长约255米，其东墙南端与大城南墙衔接，北墙西端与大城西墙衔接，小城墙地面以上部分似被破坏严重，现存墙基宽约9米，开口距地表约2.5米，下部基槽剖面呈锅底状，深约5.5米。

受工作条件的限制，小城范围内尚未进行全面钻探。

二号基址主殿及殿前台阶
Main Hall and Frontal Steps of Foundation No.2

二号基址西耳庑门道
Doorway of the Western Side Corridor of Foundation No.2

2005年的钻探工作探明一批新的建筑遗迹，主要分布在两个地点。

洹北商城中部偏东地带：机场西跑道以东南北长1400余米，东西宽80余米，以及跑道北端200米×200米的范围内，共钻探出不同规格、不同形制的夯土遗迹41处。形状有方形、长方形、长条形等。基址面积有一定差异。100平方米以内的有4处，100~200平方米的有11处，200~500平方米的有15处，500~10000平方米的有9处，超过10000平方米的有1处。

洹北商城中北部：在韩王度村东和东北部钻探出夯土遗迹10处。其中3处为长方形，面积小者160平方米，居中者440平方米，最大的1处超过1200平方米。另7处为长条形夯土遗迹，大多宽约20米，长度在50米甚至200米以上。如果以面积计算，小者500余平方米，大者超过4000平方米。

相比于一号基址而言，二号基址的规模相对较小。其平面亦呈"回"字形（南、东、西三面是廊庑建筑形式，北部正中为主殿，主殿两侧有"耳庑"），东西面阔92米，南北跨度62.1~68.5米（北部正殿宽于两侧耳庑）。总面积（包括庭院部分）5992平方米，方向与一号基址及城墙基槽的方向一致，均为北偏东13度。

二号基址包括南庑及门道、西庑、东庑、主殿及两侧耳庑、东庑东南的附属建筑及水井等。

主殿位于基址的北部，以两侧的耳庑衡量，主殿偏东约3.6米。这可能与西侧的耳庑设有门道有关。主殿东西长43.5米，自西向东已发掘29.9米，向东尚有13.6米（钻探数据）未发掘。主殿南北宽13.8米，北部宽于两侧耳庑6.4米。现保存高度高于当时的庭院0.67米。主殿整体夯筑在一座事先挖好的圜底基槽内。基槽最深处距当时地表1米，内用纯净的黑黏土夯打。每层夯土厚8~10厘米。夯打十分坚硬，夯窝明显。超出地表部分改用纯净的黄土夯打，也较硬。向内略有收缩，大概收了0.3米。黄夯土外侧有护坡土倾斜贴护在黄夯土之上，起到保护夯土根基的作用。主殿上部的柱础石（前、后廊柱柱石及墙体内木骨柱础石）绝大部分被晚期地层破坏丢失。保留的柱础石也多裸露于地表或仅在柱洞下仅几厘米。主殿墙体的基槽也未发现。在主殿前发现三个台阶。据推算整个主殿应有四个台阶，即主殿应是四座单间房屋相连而成，单间宽7.5米，进深4.8米。台阶宽1.8米，长2.6米，两个台阶间的距离为6.6米。与一号宫殿的台阶相比，在二号宫殿台阶基槽内未发现奠基坑，但在台阶夯土内发现极少量的兽骨。主殿有前后廊。

主殿前后两侧都有红烧土堆积。主殿前檐上可能有收集雨水的设施，集中滴于主殿前的庭院内形成水坑。坑内堆积的红烧土块较大，有墙体表面。

主殿西部的耳庑被全部揭露。西部耳庑长26米，较东部的耳庑长。耳庑宽6.8米。与主殿相比，西耳庑保留相对较低，高出当时庭院地面0.47米。耳庑为一面坡回廊结构，耳庑距东部主殿4米有一个门道，门道宽2.8米。门道距耳庑保留表面深0.3米。与木柱墙对应处有门槛，门槛距门道地表0.15米，宽0.3米。

东部耳庑尚未发掘，推测其长度应为22.4米。据钻探，没有门道迹象。

西庑仅发掘了其西北部与西耳庑相连的部分。

西庑的宽度、结构与西耳庑相同。西庑外侧的倒塌堆积较庭院一侧的要厚,可能与木骨泥墙靠外侧有关。从倒塌的情况分析,能发现墙体被房顶叠压的迹象。

南庑自东向西发掘了48.2米,包括南庑大部分及东庑的东南部分。以南庑的门道为界,门道东侧39米,门道宽3.1米,门道西侧发掘了6.1米。南庑整体面宽92米,据此计算,门道偏东10米。南庑宽6.1米,高于当时庭院0.25米。南庑也为一面坡式回廊结构。其木骨泥墙位于南部,距夯土台基边缘0.3米不等。

南庑庭院一侧门道以东发现三个台阶。其基槽与南庑基槽连为一体。台阶平均宽2米,长2米。其上未发现用于祭祀的兽骨,但有木质台阶痕迹。

东庑只发掘了与南庑相连的东南角部位,发掘部分长9.6米,宽5.9米。一面坡双木柱木骨墙结构。

在东庑的东南部,发现一座附属小型院落,已发现院落的南北窄墙,西部利用了东庑的墙体。院落内有一小型夯土基址,在基址西址发现一眼水井,井深8.5米。陶片主要出于第6~8层,因而我们推测第6~8层应该是该水井使用过程中逐渐淤积而成的。而动物骨骼主要出土于第1~3层,占总数的93.8%,且在第3层内发现红烧土堆积。这可能反映出二号基址的废弃年代与水井的废弃年代是大体一致的。

水井的发现,对于判断二号基址的使用与废弃年代起到决定性的作用。据此,我们判断,二号基址的使用年代属洹北花园庄晚期或中商三期偏早阶段,其废弃年代可能也在中商三期之时。

总体而言,洹北商城近几年的工作仍是从其布局的角度考虑的,也取得了相应的成果,特别是其中的宫城的发现与确认,对于认识洹北商城的布局是十分重要的。由于洹北商城持续的时间较短,相互打破、叠压的关系不是很多,在相当长的一段时间内又少有人类活动,这使得洹北商城很好地保存下来。这对于研究商周时期都城制度的形成与发展具有关键性的作用。同时,对于研究商文化,特别是中商文化也起到了建设性的作用。几年来的工作表明,洹北商城在未来商文化研究中的地位不容低估。

(供稿:何毓灵 唐际根)

二号基址西北部双柱础柱洞
Double Column Holes and plinths in the northwest of Foundation No. 2

二号基址西庑内侧倒塌堆积
Remains on the Inner Side of the Western Corridor of Foundation No. 2

二号基址西耳庑内侧廊柱柱洞
Column Hole on the Inner Side of the Western Side Corridor of Foundation No.2

二号基址南庑门道及门槛
Doorway and threshold of the Southern Corridor of Foundation No. 2

二号基址主殿上的柱础石
Stone Plinth in the Main Hall of Foundation No. 2

In 2005 and 2007, the Anyang Archaeological Team, Institute of Archaeology, CASS discovered a small-sized square city-site in the southwestern corner of the Shang city to the north of the Huanshui River and a palace-city wall a little to the south of its center. In 2008, the team excavated Palace-foundation No. 2 in the palace-city. The palace-city is rectangular in plan, and measures 13° in azimuth, 795 m in length and above 515 m in width, covering an area of no less than 410,000 sq m. The foundation trench is 6—7m wide, and the wall body 5—6m. In section it looks like an irregular upward down trapezoid, and above it is the wall body with slop protections on the two sides. This sub-city is roughly square in plan, about 240 m from the west to the east and about 255 m from the north to the south, with the southern end of the eastern wall joined to the southern wall of the greater city and the western end of the northern wall to the western wall of the latter. The wall foundation, about 9 m in the remaining width, is opened about 2.5 m beneath the ground surface and measures about 5.5 m in depth, with a cauldron-bottom-shaped section in the lower part. The Palace-foundation No.2 has a "回"-shaped plan and is 92 m from the west to the east and 61.4—68.5 m from the north to the east, occupying an area of 5,992 sq m and having an azimuth of 13°. It consists of the southern corridor with a doorway, the western corridor, the eastern one and the main hall with two side corridors, as well as the auxiliary buildings and wells to the southeast of the eastern corridor.

洛阳中州东路北
西周祭祀坑发掘

EXCAVATION OF A WESTERN ZHOU SACRIFICIAL PIT TO THE NORTH OF EASTERN ZHONGZHOU ROAD IN LUOYANG CITY

2009年2月始，洛阳市文物工作队为配合位于洛阳市中州东路北的河南科技大学林业职业学院的基建工程，对该校园进行了抢救性考古发掘。目前发掘面积为875平方米，发现西周灰坑59个、沟1条、墓葬13座及唐代灰坑42个。

地层共分6层，可分为唐代和西周时期的文化堆积。

第1层：厚0.3~0.7米。分布于整个工地。灰褐土，土质疏松。出土有砖块、植物根茎等现代遗物，属现代层。

第2层：深0.3~0.7米，厚0.2~0.6米。分布于整个工地。黄褐土，土质稍硬。出土有瓷碗、瓷罐、陶罐和板瓦等。属唐代文化堆积。

第3层：深0.5~1.2米，厚0.4~0.6米。分布于整个工地。红褐色土，土质硬。出土有白瓷碗、黑瓷罐、陶罐、陶缸、板瓦和筒瓦等。属唐代文化堆积。

第4层：深1.5~1.6米，厚0.05~1.4米。分布于工地南部，北薄南厚。浅灰色土，夹杂有炭粒和红烧土颗粒，土质稍硬。出土有陶罐、陶鬲、陶簋和陶盆等。属西周时期文化堆积。

第5层：深2~3米，厚0.05~0.4米。分布于工地南部，北薄南厚。灰黑色土，夹杂有较多炭粒，土质疏松。出土有陶鬲、陶罐和陶簋等。属西周时期文化堆积。

第6层：深2~3.6米，厚0.05~0.25米。分布于工地南部，北薄南厚。黄褐色土，土质稍硬。出土有陶鬲、陶罐等。属西周时期文化堆积。

第6层下为生土。

西周灰坑开口于第3、5、6层下，沟开口于第3层下，墓葬开口于第3、5、6层下，唐代灰坑

发掘现场
Excavation-site

马坑 (T2H36、T2H37)
Horse Burial Pits T2H36 and T2H37

牛坑 (T6H18)
Cattle Burial Pit T6H18

羊坑 (T6H14)
Sheep Burial Pit T6H14

开口于第1、2层下。

西周灰坑的形状多为近椭圆形、长方形或不规则形，口径0.9～7.6米，底径0.8～7.5米，深0.1～2.9米。出土器物主要为陶鬲、陶簋、陶罐、陶拍子等陶器碎片。

其中31座西周灰坑的发掘是本次发掘的重要收获。这些坑中的22座有较完整的兽骨，5座有疑似非正常死亡的人骨，另有4座有成堆摆放的碎兽骨。如T2H19有马骨、人骨各一具，两头相对，呈"L"形分布。马骨头南脊西，人骨侧身屈肢。坑内另出土卜甲1片。按兽骨种类的不

同，这些灰坑可分为马坑、狗坑、牛坑、羊坑、人马坑、人猪坑、猪牛坑和碎骨坑等。马坑有12座，其中2座马坑的马骨为南北向，其余为东西向，大部分坑内骨架较完整，在T3H15的马骨架上发现有席痕，推测当时马骨被掩埋时其上铺有席子，有些坑内除一具完整的马骨外，还有少量其他马骨的残片。狗坑有2座，一座坑内的骨架较全，头西脊南，另一座坑内的骨架残缺较甚，仅剩脊椎骨、腿骨和下颌骨。牛坑有3座，均近椭圆形，骨架较完整，其中2座坑内牛骨头西脊南，1座头东脊北，在T3H16的牛骨下面发

现有席痕，推测当时在掩埋牛骨时事先在坑内铺有席子。羊坑有1座，椭圆形，骨架的尾部不甚完整，羊骨置于坑内东部，头东脊南，羊尾西部另有其他动物的残碎骨架。人马坑有3座，其中1座为人置于马上，人仰身直肢，上肢屈折于胸前和脑后，马骨头东脊南；另2座为人置于马头部位，马骨为南北向，人骨为东西向，人骨架与马骨架垂直摆放。人猪坑有1座，形状近长方形，人骨架为仰身直肢，东西向置于坑南部，从骨架看应为一个约8岁的小孩，猪骨置于坑中部，头北脊西，骨架较小，应为一幼猪。猪牛坑有1座，近椭圆形，猪骨架置于牛骨架之上，猪骨、牛骨均为头西脊北，猪骨因该坑被T5H11打破而残缺不全，此坑内北部边缘还有一人上肢骨和盆骨。另3座兽骨坑内为残碎兽骨，有马、牛骨等。人骨坑有5座，其中2座近椭圆形，1座坑内有一完整人骨架，俯身葬，上肢歪曲，人骨腰部还有另外一人残腿骨，1座仅存头骨、脊椎骨和一根腿骨，另3座坑中人骨较凌乱。

西周沟为西北—东南向，口宽约4、底宽约0.8、深3.8～4.2米。该沟目前已发掘长度近50米，未发掘部分经钻探其向西北、向东南均为直行出探区，未见拐弯。沟底西高东低，沟内堆积中明显有流水淤积痕迹。沟内出土有鬲、簋和罐等陶器残片，推测该沟在西周时期应为一条自西向东流的水沟。

西周墓葬均为中小型长方形竖穴土坑墓，其中2座为南北向，其余为东西向。4座墓有随葬品，主要为陶鬲、陶簋、陶罐、铜镞、铅戈和玉石片等。这些墓葬中大多数有人骨架，墓坑较小，仅能容身。

唐代灰坑的平面多为圆形或椭圆形，口径1.1～1.8、底径1～4.2、深0.7～3.7米。出土有瓷罐、瓷碗、三彩陶片、板瓦和筒瓦等。

该工地出土的卜甲以及分布密集的兽骨坑和人骨坑，表明这一区域在西周时期有占卜和人祭、牲祭之类的宗教祭祀活动。该地处瀍河东，属于研究成周城的重要地区，在工地西南方向约350米处发现有西周时期的车马坑，在西北部约300米处发现有西周时期的"甲"字形大墓，再往西北的瀍河西岸有西周铸铜遗址及西周贵族墓地，东北部有大型夯土基址等重要遗迹。此次发掘为我们寻找成周城提供了重要线索。

（供稿：石艳艳）

人马坑（T2H40）
Human-and-horse Burial Pit T2H40

猪牛坑（T5H16）
Pig-and-cattle Burial Pit T5H16

西周沟（G1）
Trench G1 of the Western Zhou Period

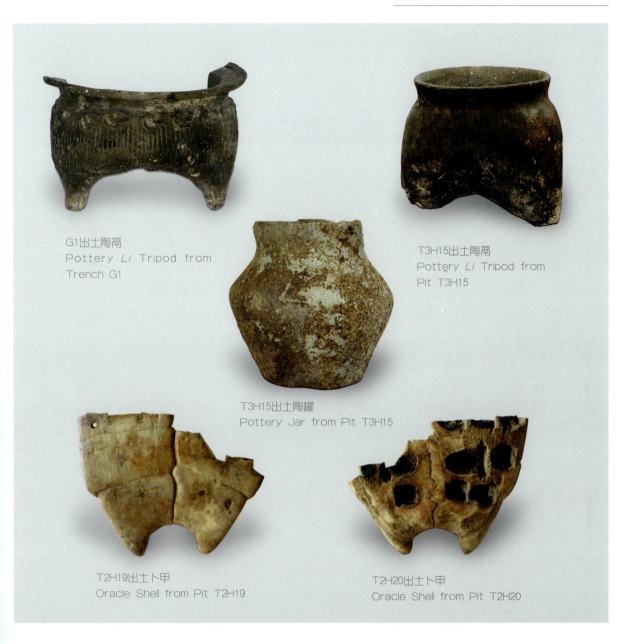

G1出土陶鬲
Pottery *Li* Tripod from
Trench G1

T3H15出土陶鬲
Pottery *Li* Tripod from
Pit T3H15

T3H15出土陶罐
Pottery Jar from Pit T3H15

T2H19出土卜甲
Oracle Shell from Pit T2H19

T2H20出土卜甲
Oracle Shell from Pit T2H20

Since February 2009, in coordination with the capital construction of the Forestry Professional School, Henan University of Science and Technology to the north of Eastern Zhongzhou Road in Luoyang City, the Luoyang Municipal Archaeological Team carried out an salvage archaeological excavation in the campus. In the so far opened area of 875 sq m they discovered 59 ash-pits, a trench and 13 tombs of the Western Zhou period and 42 ash-pits of the Tang period. Among them 31 Western Zhou ash-pits can be classified into human, horse, dog, cattle, sheep, human-and-horse, human-and-pig, pig-and-cattle and broken bone burial pits according to their contents. The unearthed oracle-shells and the dense animal-bone and human-bone pits suggest that there were religious activities of divination, human- and animal-sacrifice and the like in this area during the Western Zhou period. Lying to the east of the Chanhe River, this locality must have been of importance in the Chengzhou City, and the discovered sacrificial pits provide clues for seeking the location of Chengzhou.

河南荥阳
娘娘寨两周时期城址

NIANGNIANGZHAI CITY-SITE OF THE ZHOU PERIOD IN XINGYANG, HENAN

娘娘寨城址位于河南省荥阳市豫龙镇寨杨村西北。遗址西北索河环绕而过，南部为龙泉寺冲沟。娘娘寨城址是郑州市文物考古研究院于2004年8月配合国家重点工程南水北调文物点调查复核时新发现的两周时期的城址。城址东西长1200米，南北长800多米，总面积近100万平方米。2005～2008年，郑州市文物考古研究院对其进行了连续性发掘。

目前，娘娘寨城址已发掘面积15000平方米，清理各类遗迹1700多处，遗迹主要有城墙、城门、房址、夯土基址、墓葬、道路、排水设施、陶窑、灰坑、水井、灰沟、土灶等。出土遗物多为陶器，还有石器、骨器、蚌器、小型铜器、玉器以及鹿角等。

2008年6月起，我们对娘娘寨城址外围进行了大范围的勘探，发现娘娘寨城址外城墙、外城壕。外城壕仅在南城墙外发现，宽约20米，保留深度6米。因东墙外有一条宽40米的近代冲沟，城壕应被该冲沟破坏殆尽。受现代建筑和农民取土的影响，外城墙遭破坏较严重，目前尚未发现外城门。我们对外城东、南城墙分别进行了解剖，发现两面城墙的结构相同，均是先挖基槽再筑墙，基槽宽5米，墙体出地表加宽。从解剖情况看，外城墙分两次修建，第二次修建是在第一次建筑的基础上加宽，解剖确认外城墙的始建年代为春秋时期，战国时期对城墙进行扩建，外城在春秋、战国两个时期使用。

发掘现场
Excavation-site

内城北城墙剖面
Section of the Northern Wall of the Inner City

9号夯土基址
Rammed-earth Foundation No. 9

城址外城壕
Moat outside the City-site

西周时期陶窑（Y1）
Pottery-making Kiln Y1 of the Western Zhou Period

战国时期祭祀坑（H858）
Sacrificial Pit H858 of the Warring States Period

战国时期墓葬（M35）
Tomb M35 of the Warring States Period

娘娘寨城址内城的平面为方形，面积不大，约为10万平方米。内城文化层保存较厚，分布有众多的遗迹，是该城址的核心部位。我们对南北两面城墙分别进行了解剖，南北城墙墙体的结构基本相同，夯土墙夯层明显，夯层厚8～10厘米，圜底夯窝非常清晰，城墙被春秋早期的灰坑打破，城墙内的包含物均不晚于西周晚期，同时北城墙叠压有西周中晚期的遗迹。因此，我们判断内城墙年代的上限为西周晚期，下限为春秋早期，结合城墙夯土自身的结构特点，内城墙的始建年代应为西周晚期。内城墙上部为东周时期扩建的城墙。此外，经勘探，在内城四面城墙中部均发现有缺口，我们对西、南、北三面进行了解

剖，在东城墙缺口处也做了一个剖面。根据解剖情况，可以确认缺口为内城城门所在。城门与城内的道路相通。

在娘娘寨城址内城外有宽48米的护城河，围绕内城一周。我们在西、南部做了两条解剖沟对其进行了解剖。解剖发现该护城河宽48、深8米，两条解剖沟的结构完全相同。该护城河上部坡度较缓，下部为一宽约4、深约3米的陡直的河底。护城河内的填土均为淤土层，包含物较少，上部淤土中可见东周时期遗物，底部淤土中的包含物较少，为西周晚期器物残片以及动物骨骼等，护城河在两周时期均使用。

目前在娘娘寨城址共发现8处夯土基址，

编号F2～F9。其中F2～F5、F7、F8位于内城中部，这些夯土基址组成一组庞大的建筑群体。F6位于西城门内侧北部，F9位于内城东南部。夯土基址均遭破坏严重，均残存夯土台基部分，墙体多不存在，部分建筑还存有柱洞残迹。夯土基址一般分上、下两层，上部建筑的时代多为春秋晚期至战国早期，下层建筑仅残存根基部分，经解剖，下层建筑的时代为西周晚期至春秋早期。

目前在娘娘寨城址内城共发现3条道路，其中南北向道路1条，编号L1，L1两端通向南北城门，宽3～4米；东西向道路2条，编号L2、L3，L2、L3宽3～5米，L2部分叠压L3，这两条道路均通向东西城门。其中L1、L3为西周晚期至春秋早期的城内道路，L2为战国时期的城内道路。

在娘娘寨城址发掘的灰坑极为丰富，目前共发掘灰坑1500多个，灰坑的形状不一，有圆形、椭圆形、方形、不规则形等，其用途有生活垃圾坑、窖藏坑、祭祀坑等。

经勘探，发现墓葬上千座，但发掘的墓葬较少。目前，共发现墓葬35座，有西周墓和战国墓。其中西周晚期墓10座，其余均为战国墓。部分西周晚期墓出土有随葬品，其中M13出土有10余件小型西周晚期玉器。

在娘娘寨城址发现的水井较多，一般为圆形和方形，部分为长方形。水井一般深达10米，反映了当时人们掌握了非常先进的凿井技术。水井内壁均有两排对称的脚窝，底部为淤土，部分井内出有汲水用的陶罐以及溺水的动物残骸。

在娘娘寨城址发现的陶窑较少，集中分布于内城东北部，有西周和战国时期之分，推测此处应为城址作坊区。

娘娘寨城址出土的遗物非常丰富，有陶、石、骨、蚌、铜、玉器等，其中以陶器为主。

陶器有泥质和夹砂之分，多为灰陶，有少量红褐陶。纹饰以绳纹、旋纹、弦纹、附加堆纹为主，有相当多的素面陶。器形有鬲、罐、豆、盆、碗、甑等。其时代跨龙山、二里头文化、西周、春秋、战国几个时期，尤以西周和东周时期

居多。

从目前的发掘情况看，娘娘寨城址的文化遗存可分为五期，即河南龙山文化晚期、二里头文化、西周、春秋、战国。传统的西周文化早、中、晚三期均有，器物组合为鬲、罐、豆、盆、簋、瓮等；其中西周早期的遗存较少，遗物特征为早期偏晚；西周中晚期的遗存相对较多。在娘娘寨城址出土了大量的春秋战国时期的陶器，为该时期文化的分期提供了大量实物，从器物特征来看，可细分为春秋早、中、晚期和战国早、中、晚期。

通过勘探与发掘，基本明确了娘娘寨城址的年代、布局。

娘娘寨城址是一座两周时期的城址，平面近方形，总面积为100多万平方米。其总体布局是内、外城相配置，内、外城墙外均设有护城河；

西周时期墓葬（M8）
Tomb M8 of the Western Zhou Period

61

陶文拓片
Rubbing of the Sign on
a Pottery Vessel

陶文拓片
Rubbing of the Sign
on a Pottery Vessel

内城内分布有"十"字形主干道，在内城中部发现两周时期的夯土基址，为宫殿区，在内城东北部分布有较多西周时期的陶窑，应为西周时期的作坊区。内城在四面城墙中部设有城门，城门与城内道路相通。在宫殿区与作坊区之间分布有粮仓，推测为仓储区。在城内散布有水井等取水设施。内城虽小，完全具备宫城应有的功能。内城始建于西周晚期，沿用至战国时期。娘娘寨城址外城的时代略晚于内城，内、外城在东周时期同时使用，战国时期内城内分布有大面积的宫殿遗迹，当时内城仍具有宫城的功能，二者为一体的内、外城结构配置。在娘娘寨城址外城外的西南部，勘探发现近千座西周时期的小型墓葬，分布较密集。发现有东周时期的大型墓，此处当为城

址的墓地。外城的路网、作坊等遗迹的分布情况目前正在勘探。

娘娘寨城址的发掘，为郑州乃至全国西周城址的研究提供了重要的新材料。目前，已发现的西周城址较少，娘娘寨西周城址的发掘为西周时期筑城方法、城墙结构、设防措施、功能布局等的研究提供了新材料。

娘娘寨城址的发掘，对于郑州地区西周封国的研究具有重要的作用。目前在郑州地区尚未确认一处西周时期的封国城址，娘娘寨城址是目前在郑州地区能够确认的唯一一座西周时期城址，为探寻郑州地区的西周封国遗址提供了重要的线索。

（供稿：张家强）

陶鬲
Potteru Li Tripod

陶盆
Pottery Basin

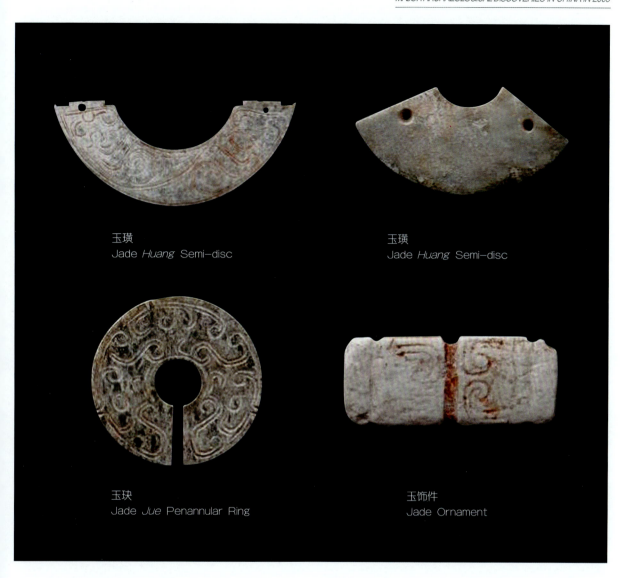

玉璜
Jade *Huang* Semi-disc

玉璜
Jade *Huang* Semi-disc

玉玦
Jade *Jue* Penannular Ring

玉饰件
Jade Ornament

The Niangniangzhai City-site is located to the northwest of Zhaiyang Village at Yulong Town in Xingyang City, Henan Province. In 2005 to 2008, the Zhengzhou Municipal Institute of Cultural Relics and Archaeology carried out there excavation. The site measures 1,200 m in length from the west to the east and above 800 m in width from the north to the south, occupying an area of approximately 1,000,000 sq m in total. In the excavated area of 15,000 sq m, more than 1,700 spots of vestiges were revealed, including city-walls, city-gates, house-foundations, rammed-earth building-foundations, tombs, roads, drains, pottery-making kilns, ash-pits, wells, ash-trenches and earthen cooking ranges. The unearthed objects are largely pottery, and stone, bone, shell, bronze and jade artifacts were also brought to light. In date the site belongs to the Zhou period. Its excavation provided new important data for investigating the layout, building techniques, structure, defensive works and function of Western Zhou cities, and made up the gap in the evidence of Western Zhou cultural remains in the Zhengzhou area. It is helpful to the establishment of the periodization of the Western Zhou archaeological cultures in the Central Plains and has important academic value to deepening the study of these archaeological cultures.

河南淇县
宋庄墓地

SONGZHUANG CEMETERY IN QIXIAN COUNTY, HENAN

宋庄墓地位于河南省淇县西岗乡宋庄村东、方寨村南,淇河西岸的一级台地上。西距卫国故城约10公里,南距纣王墓约1公里。

2008年12月16日,淇县文物旅游局文物管理所发现该墓地的3座墓葬被盗,立即采取了保护措施,并向河南省文物局报告。河南省文物局非常重视,组织专家对被盗墓葬和出土文物进行了鉴定,认为这里是一处东周时期的贵族墓地。

经国家文物局批准,由河南省文物考古研究所和淇县文物旅游局文物管理所组成考古队,于2009年2~11月对淇县西岗乡宋庄村东被盗古墓进行了抢救性发掘。此次发掘墓葬共10座,其中9座为东周墓,1座为汉墓。

在发掘M1的同时,我们组织河南省文物保护勘探中心的专业技术人员,以M1为中心向外围进行放射性文物钻探,钻探面积10万平方米,发现东周至宋元时期的墓葬共104座。东周时期的墓葬有60余座,平面呈"甲"字形,带墓道的墓葬有7座,形制较大,其中5座墓葬呈"一"字形排列。3米×3米以上的土坑竖穴墓有16座,M6已经发掘,出土11件铜器。余皆为2米×3米以下的土坑竖穴墓,M7已经发掘,仅随葬陶器。由于勘探的范围有限,该墓地的范围及墓葬的数量尚不十分清楚。

发掘的东周时期墓葬特别重要,有"甲"字形墓和土坑竖穴墓两种,均为东西方向,没有封土,开口于第3层下,距地表0.7米,深6~9米。

"甲"字形墓有6座,其中M4、M3、M1、M5依次由北向南呈"一"字排列,墓与墓之间间隔30~50米,M1的墓道东部距淇河岸边80余米;M8、M9位于该排墓葬的西部,相距100~130米,M8位于M5的西部,与其北的M9相距130米。"甲"字形墓由墓道和墓室组成,墓道位于墓室东部,长30~40、宽约3米,直壁规整,呈斜坡状,底部有车辙痕迹,墓室底部低于墓道底。墓室呈方形,4.5~8.3米见方,M1的形制最大,墓室为8.3米见方。填土为五花土,由四周向中部倾斜堆积,分层,局部夯打痕迹明显。墓壁近直或稍向内收,呈斗状。墓室底部有熟土二层台、边箱、棺椁、殉人和腰坑。边箱位于墓室南部,用来放置随葬品,用木质材料加工而成,已经朽为灰痕,没有盗扰的墓葬灰痕清晰,一般为东西长、南北宽,残存高度不等,顶部用木板盖合,箱内边及底部有铺席痕迹。有的边箱内的随葬品则另入一个漆木小箱。如M5边箱内的随葬品放置有规律,东部为牺牲,保存大量动物骨骼;中部偏北放置乐器,有编钟、石磬;西北部、中部偏南放置陶器，为鬲、罐、豆；西北角放置骨贝；从中部往西依次为铜鼎、壶、豆、盘、匜等。葬具为木质棺椁，位于墓室中部，与边箱北部紧挨，均为木质单棺单椁，残存灰痕，有的棺为红漆黑彩。如M5椁东西长2.62、南北宽1.62、高1.1米，棺东西长2.1、南北宽1.32、残高0.1米，棺上有玉牌和小铜管，据此推测当时棺上有帷帐。墓主骨架均保存较差，如M5仅有一颗牙齿，证明墓主头向西。随葬玉虎、玉鱼、玉环、玉璜等佩饰，棺内墓主身上铺有朱砂。棺椁之间随葬兵器、车马饰件、骨贝。腰坑位于棺椁之下，多为圆形浅坑，残存狗骨。殉人多分布在棺椁的东部、北部、西部，数量依墓葬的规模、墓主的身份而不同，M1有5具，其中1具葬在椁下，M4仅殉葬1具。葬具均为木质单棺，但大小不一。骨架保存一般，有侧身屈肢和仰身直肢

葬式。有的有随葬品，有的没有随葬品，说明殉人的身份也不相同。

土坑竖穴墓分布较散，无规律，发掘了M6、M7、M10。依据墓葬的大小可分为两种，一种是墓室为3.5～5米见方的墓葬，平面近方形，填土为五花土，分层明显，局部经过夯打，墓壁近直，较规整，墓室的结构和"甲"字形墓基本一致，有熟土二层台、边箱、棺椁、殉人、腰坑，M6、M10已经发掘；另一种是3米以下墓葬，仅发掘M7，平面为长方形，东西方向，土坑竖穴，墓壁近直，有熟土二层台，台上随葬陶器及牺牲，葬具为木质单棺单椁，骨架保存较差，头向西，平底。

M1和M3被盗严重，残存少量随葬品，其他墓葬的随葬品较丰富。"甲"字形墓和墓室为4～5

M1出土铜甬钟
Bronze *Yongzhong* Upright-handled Bells from Tomb M1

M4墓底
Bottom of Tomb M4

M4随葬器物出土情况
Funeral Objects of Tomb M4 in Excavation

M6墓底
Bottom of Tomb M6

M7全景
A Full View of Tomb M7

M4随葬器物出土情况
Funeral Objects of Tomb M4 in Excavation

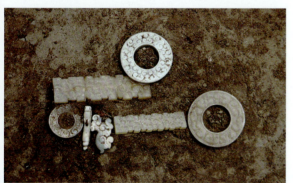

M5出土玉器
Jades from Tomb M5

M5随葬器物出土情况
Funeral Objects of Tomb M5 in Excavation

M5出土陶豆
Pottery *Dou* Stemmed Vessels from Tomb M5

M6出土铜敦
Bronze *Dui* Globoid Vessel from Tomb M6

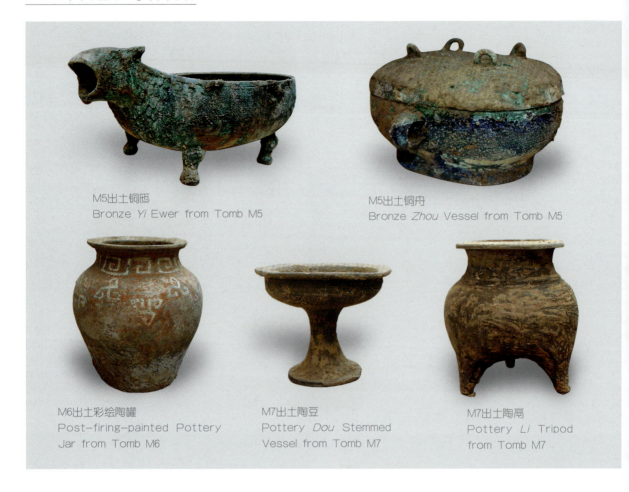

M5出土铜匜
Bronze *Yi* Ewer from Tomb M5

M5出土铜舟
Bronze *Zhou* Vessel from Tomb M5

M6出土彩绘陶罐
Post-firing-painted Pottery
Jar from Tomb M6

M7出土陶豆
Pottery *Dou* Stemmed
Vessel from Tomb M7

M7出土陶鬲
Pottery *Li* Tripod
from Tomb M7

米见方的土坑竖穴墓，随葬有铜礼器、乐器、兵器及玉器、铅器、陶器等。各墓随葬品的数量因墓主身份的不同而多寡不一。

墓葬的年代，从M4出土铜鼎、敦、盘、匜及陶鬲、豆、罐，到M9出土铜鼎、豆、壶、缶、盘、匜及陶鬲、豆、壶以及器物本身的特征来看，应为春秋至战国时期。

此次发掘为研究东周时期该地区的政治、经济、文化、葬制、葬俗提供了重要的实物资料。

（供稿：韩朝会 贾连敏）

The Songzhuang cemetery is situated east of Songzhuang Village and south of Fangzhai Village of Xigang Township in Qixian County, Henan Province. Here, the Henan Provincial Institute of Cultural Relics and Archaeology and the Office for the Preservation of Ancient Monuments, Qixian County Bureau of Cultural Relics and Tourism carried out jointly a salvage archaeological excavation in February to November 2009. They revealed 10 tombs, of which nine belong to the Eastern Zhou and one to the Han period. The Eastern Zhou tombs fall into two types: "甲"-shaped in plan and earthen-pit in structure, both arranged in order, pointing to the west and east, and having no mounds. Among the funeral objects are bronzes, jades, bone and stone implements, and pottery, the former one including ritual vessels, musical instruments, weapons and horse-and-chariot trappings. In addition, remains of animal victims were unearthed in a large amount. The excavation suggests that the cemetery was an aristocratic graveyard of the Eastern Zhou period. It furnished significant material data to the study of the politics, economy, culture, mourning institution and burial custom of the Eastern Zhou period in this region.

四川茂县
城关粮站石棺葬墓群发掘

EXCAVATION OF STONE-COFFIN TOMBS AT THE CHENGGUAN GRAIN SUPPLY STATION OF MOUXIAN COUNTY, SICHUAN

茂县城关石棺葬墓群位于四川省茂县县城凤仪大坝上，处于岷江的一级台地。1978年，四川省文物管理委员会在茂县城关镇发掘石棺葬46座；1986年和1991年，四川省茂县羌族博物馆在该区域清理石棺葬77座。2009年7月，为配合茂县城关镇粮站住宅楼的修建，四川省文物考古研究院、阿坝州文物管理所、茂县羌族博物馆联合对茂县城关镇粮站石棺葬墓群进行了发掘，共清理墓葬54座，出土各类遗物300余件。

本次考古发掘首次完整地揭露了茂县城关粮站墓葬的营造方式，即先在沙石土上挖一长方形竖穴，深约0.8米，其长、宽均较所建的石棺大出0.1~0.3米。底部铺一层纯净黄土，厚3~5厘米。然后按照墓葬的大小，打制长方形石板，高0.5~0.8米，厚0.02~0.05米。再围绕坑底镶嵌头端大、足端小的石棺，棺上盖以石板，其数目依石棺的大小而定，一般2~8块。盖板一般从足端逐层向头端叠压。为使顶板与侧板紧密结合，在侧板上打出一级一级凹口呈台阶状，同时在侧板外侧还平铺一层纯净黄土。最后在盖板上堆筑纯净黄土，不加夯筑，厚5~15厘米。部分墓葬的上部可能立有墓石。

本次发掘的54座墓葬排列整齐，方向50°~80°，均为长方形石棺墓。少数墓葬在石板外还堆砌石块。成人墓葬长约2、宽0.6米，部分墓葬的四壁涂有朱砂，可能反映了某种葬俗。儿童墓葬的长度均在1.5米以下，宽约0.5米。在54座墓葬中，41座墓葬可看出墓主人的葬式，其中37座墓为仰身直肢，1座为仰身交肢，1座为火葬，2座为二次葬，表明该区域流行仰身直肢葬。

M15石盖板
Covering Stones of Tomb M15

随葬器物的放置方式基本一致，出土的陶器均放置在墓主人的头端，部分铜器以墓主人生前佩戴的方式随葬。54座石棺葬出土各类器物380件。其中陶器194件，主要有双耳罐、鼓腹罐、杯、豆、碗、簋、尖底盏等。铜器137件，主要有剑、矛、镞、带钩、手镯等。同时还有大量的海贝、玛瑙珠和少量的铁器。从出土器物来看，本地文化因素较多，同时还有少量的巴蜀文化因素。多种文化因素的共存，说明岷江上游地区处于重要的民族走廊上。

城关粮站墓地可分为6排，排与排之间相隔较近，墓地的总体演变是从东向西发展，其中东部最早，随葬品较丰富，主要组合为陶尖底盏或高柄豆、圆口双耳罐、罐，铜器主要是矛、剑、刀等，与同时期成都平原巴蜀文化墓葬出土的铜器相似，其年代为战国中晚期；中部随葬品较少，陶器基本组合为菱形口双耳罐、罐，部分双耳罐有彩绘图案，其年代为西汉；西部最晚，陶器基本组合为菱形口双耳罐、罐。铜器少见，铁器大量出现，如铁釜、斧等，年代为东汉。从墓地的安排上来看，成人墓葬和儿童墓地相对集中，但在处理尸体和随葬品上又趋于一致。意识形态上表明，当时人们对待死者是同等待遇。

本次考古发掘，在墓主人头骨上部往往发现有动物，主要是鸡、猪的骨骼，与其他地区石棺葬随葬马和羊有很大的不同，而出土的陶器中绝大部分器内装有动、植物标本。从统计的结果来看，绝大多数双耳罐、罐内装有动物骨骼，部分双耳罐、罐的内壁上可见油脂痕迹，说明这些器物当时装的是熟食。而绝大多数豆、碗、杯、钵、尖底盏内装有粮食（大部分为粟），部分粮食已炭化。这些标本的发现对于研究当地居民的食物结构、生产形态具有重要的作用。另外，在发掘中还出土了少量的丝织品和桦树皮。

城关石棺葬墓群是目前在岷江上游地区发掘的最大的石棺葬墓群，清理墓葬200余座。它们是岷江上游地区石棺葬文化分期的基础，对城关墓地内部结构的分析对于岷江上游地区石棺葬文化的研究具有重要的意义。

（供稿：陈卫东　万靖　陈学志　张黎勇）

M16全景
A Full View of Tomb M16

M38全景
A Full View of Tomb M38

M15出土铜矛
Bronze Spearhead
from Tomb M15

M27出土铜剑
Bronze Sword
from Tomb M27

M7出土铜璜
Bronze *Huang* Semi—disc
from Tomb M7

M16出土陶罐
Pottery Jar from Tomb M16

M17出土陶双耳罐
Double—eared Pottery Jar from Tomb M17

In July 2009, in coordination with the construction of a Residential building of the Chengguan Town Grain Supply Center, Mouxian County, Sichuan Province, the Suchuan Provincial Academy of Cultural Relics and Archaeology, the Aba Prefectural Office for the Preservation of Ancient Monuments and the Mouxian County Museum of Qiang Nationality excavated jointly stone-coffin tombs in the grain supply center. They revealed 54 rectangular stone-coffin burials and brought to light above 300 objects varied in type. The coffins are neatly arranged; the dead are buried mainly in an extended supine position, and cross-limbed and prostrate burials occur in some cases. The funeral pottery vessels are all put at the tomb-owner's head, while the bronzes are partly placed in the position the tomb-owners wore before their death. Above the head of the deceased are remains of funeral animals, such as chickens and pigs. Most of the unearthed pottery vessels contain relics of animals and plants. Chronologically the tombs belong to the mid and late Warring States period to the Eastern Han period. These graves form the largest stone-coffin cemetery so far excavated in the Upper Minjiang River valley and have important value to the study of the stone-coffin burial culture in that area.

雍城秦公陵园
2009年考古勘探新发现

NEW DISCOVERIES IN 2009 ARCHAEOLOGICAL PROSPECTING IN DUKE QIN TOMB-GARDENS IN YONGCHENG

位于今陕西省凤翔县城南的秦雍城遗址系全国重点文物保护单位。据文献记载，自秦德公元年（前677年）至秦献公二年（前383年）间，秦国在此置都长达294年，经历举国上下励

精图治，苦心经营，使秦国的国力逐渐强盛，为统一六国奠定了坚实的基础。雍城在秦国发展历史上具有承前启后的重要地位，但是已往由于古文献记载上的简略或失之偏颇，使这座历史古

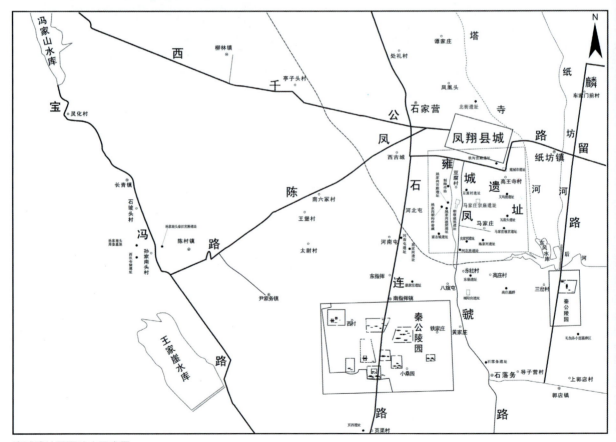

雍城遗址平面分布示意图
Schematic Map of the Yongcheng Site

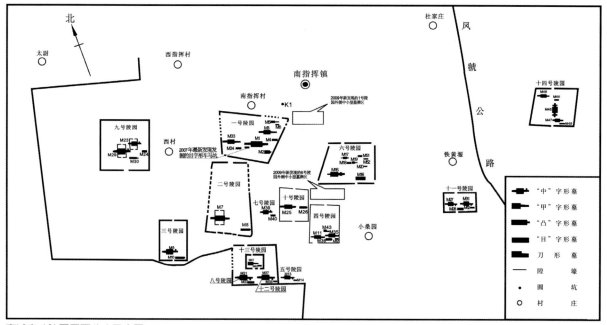

雍城秦公陵园平面分布示意图
Schematic Map of the Duke Qin Tomb-gardens in Yongcheng

城在苍茫的三畤塬上淹没了五千多年不为人所熟知，而正是通过新中国成立以来六十年来的不断考古工作，才逐渐揭开了它的神秘面纱。

既往对雍城的考古工作，其主要手段是通过历次田野调查、勘探与发掘等，从宏观的角度逐步摸清了整个雍城遗址的基本布局及其内涵，即通过调查与勘探明确了该遗址的总面积约为51平方公里，包括宫城城址、秦公陵园、国人墓地和郊外宫殿遗址共四个组成部分；通过重点针对性的考古发掘项目如马家庄宗庙建筑遗址、凌阴遗址、制陶作坊遗址、孙家南头郊外宫殿遗址、八旗屯国人墓葬群等，解决了秦雍城大遗址的基本布局、沿革及相关遗存性质等重要学术问题。

"十一五"期间，国家启动大遗址保护工作，陕西省考古研究院拟定了现阶段对雍城考古工作的基本思路，即在以往宏观工作状态下取得收获的基础上，再利用微观的方法对细部结构进行全面了解，并随之建立秦雍城地理信息系统。

从20世纪80年代起，对雍城秦公陵园进行了3次大规模的勘探与发掘，确认出14座秦公陵园，寻找出兆沟以内的"中"字形、"甲"字形、"凸"字形、"目"字形和刀形等各类大墓共48座，初步判断"中"字形墓当系秦公墓葬，其他形制可能分别为秦公墓陪葬车马坑、秦公夫人及王公大臣墓

葬，由于当时尚不能完全掌握每一类形制结构的确切属性，因此均以墓葬进行统一编号。当时还发掘了一号陵园中的1号秦公大墓及多座陵园的兆沟，21世纪初又发掘了位于一号秦公大墓西墓道南侧的"目"字形坑，确认该坑并非此前推断的陪葬墓，而是隶属于一号秦公大墓的附属车马祭祀坑，这一新发现为今后对雍城秦公陵园各类形制结构墓葬属性的重新界定提供了重要参考。

2009年雍城大遗址的工作目标是在雍城秦公陵区14座秦公陵园中分别选择一号和六号陵园进行复探，结果在这两座陵园中均有重要的新发现。

一号陵园位于南指挥秦公陵区中部偏北，距离现今村庄最近，陵园局部已被村庄占压，已往确认出该陵园中兆沟内的总面积为340988平方米。本次勘探除了重新确认陵园中兆沟的布局走向、门的结构和8座分别为秦公大墓、陪葬墓、车马坑与祭祀坑之外，在陵园中兆沟紧邻外侧东北方向又新发现446座同期或晚于该陵园年代的中小型墓葬，其中"目"字形中型墓9座，其余437座为小型秦墓，这类中小型墓葬区域面积为239000平方米，目前没有发现环绕在其周边的兆沟。

六号陵园位于南指挥秦公陵区东部偏北，过去曾勘探出属于该陵园的6座分别为秦公大墓、陪葬墓、车马坑与祭祀坑，但由于没有发现中兆

沟而无法确认该陵园。本次勘探新发现了六号陵园整个中兆沟布局走向与门的结构，发现兆沟的四角各有一段5～10米长的缺口未挖通。另外还在该陵园中兆沟以内又新发现了2座"目"字形祭祀坑。在确认原勘探出的15号"中"字形大墓时，又在墓上发现了夯土建筑遗迹与遗物。与一号秦公陵园具有相同规律的是，也在该陵园中兆沟紧邻外侧西南方向新发现703座同期或晚于该陵园年代的中小型墓葬，其中"目"字形中型墓葬多达29座，其余674座皆为小型秦墓，同样没有发现这群中小型秦墓周边的兆沟。经考古勘探，雍城六号秦公陵园中兆沟以内的总面积为312000平方米，而在中兆沟以外中小型墓群的区域面积为159500平方米。

为了进一步确认环绕在秦公陵园兆沟外侧中小型墓葬的布局、性质、年代及沿革，经报请国家文物局批准，今年又对六号陵园中兆沟外侧的5座中小型墓葬进行了考古发掘。虽然所发掘对象均遭严重盗扰，但从布局关系上表明在中型墓葬的东南方必有一座陪葬车马坑（原勘探资料将车马坑按墓葬统一编号），根据历年来对秦墓的发掘与研究，以单一车马坑陪葬系秦国贵族墓葬的显著标志。本次所发掘的中型墓葬与车马坑主人的较高等级身份说明在整个墓群中包括少数贵族墓和大批平民墓葬。M598为贵族墓，形制结构为长方形深竖穴土坑墓，墓内早年遭严重盗扰，重要随葬品被洗劫，仅存部分陶器，有茧形壶、盂、罐等，从器形上判断为战国早期。再从整个中小型墓区分析，战国早期可能系它的上限，墓群内还有少数偏洞室与直线洞室墓，说明该墓群的时间较长，可能延续到战国末期。

通过本年度对一、六号秦公陵园的调查、勘探与发掘，获得了重要的考古资料，将对秦雍城大遗址的全面保护、秦国陵寝制度的研究，以及雍城考古工作的长远规划提供了重要的资料。具体可归纳为以下几个方面。

第一，全面细致的复探，一方面利用新的记录手段重新确认了已往在陵园兆沟以内的重要成果，另一方面尤其在陵园兆沟以外的新发现扩大了工作成果，这在一定程度上弄清了雍城秦公陵园兆沟内、外的整体布局结构及内涵。通过全站仪测绘及GPS点记录，将对《雍城遗址保护规划》的制订与实施提供准确的依据。

第二，通过本次勘探，在陵园中未发现新的"中"字形秦公大墓，说明在整个雍城已发现的21座"中"字形大墓的数量基本与当时在雍城执政的秦公人数吻合，也在一定程度上印证了"中"字形大墓即为秦公的陵寝。目前在整个雍城秦公陵园内仅发现3座"甲"字形大墓，从陵园制度的规律看，过去认为系秦公夫人墓的观点较牵强，认为系未享国的太子墓的观点还有可能。基于近几年在雍城秦公陵园内调查与勘探的综合认识，既往在陵园兆沟之内往往被通称为大墓的遗迹，除"中"字形和"甲"字形为墓寝之外，其他形制的则不是墓葬，而分别系秦公陵园的车马坑与祭祀坑，这就说明当时在秦公陵园的兆沟之内埋葬的墓主人只有享国的秦公或未享国的太子。那么按照当时夫妇不同穴的陵园埋葬制度，秦公夫人当葬于何处？秦国宗室贵族、军功大臣又葬于何处？新发现于陵园中兆沟外侧的中小型墓群被整个雍城秦公陵园的外兆沟所包围，从布局看必然与陵园有关。根据目前掌握的考古材料推测，他们若不是以从死从葬的身份葬于秦公大墓之内，就有可能葬于兆沟以外的中小型墓。过去的研究观点将秦公陵园作为"公墓"，而国人墓地一般被当做"族墓"对待，二者属性不同，相互分开。从今年的新发现看，"公墓"与"族墓"在雍城时期的墓葬布局上有其鲜明的组合特征。秦国早期的秦公大墓与小墓葬于一起，没有兆域之隔，称为典型的集中公墓制；雍城时期二者仍然距离相近，但却将秦公之间、秦公与中小型墓群之间以兆沟分隔，称为相对集中公墓制并显现出独立陵园制的雏形；秦国末期至秦代，"公墓"与"族墓"乃至"公墓"与"公墓"之间也完全分开，而且距离较远，不在一地，这又是典型的独立陵园制度的特征。因此，2009年雍城一、六号秦公陵园兆沟内外完整布局的新发现，从丧葬制度上反映了当时秦国社会内部等爵森严的情况，对于研究早期秦国陵寝制度的形成与发展至关重要。

第三，按照对秦雍城遗址考古工作的规划，未来对城址、国人墓地及郊外宫殿建筑遗址也将逐步开展系统、微观的考古工作，因此今年对一号、六号陵园的考古勘探将为今后的工作提供重要的资料。

（供稿：田亚岐　耿庆刚　袁文君）

In 2009, the Shaanxi Provincial Academy of Archaeology prospected Tomb-gardens Nos. 1 and 6 among the 14 tomb-gardens within the Duke Qin Burial Precinct in Yongcheng, and excavated five medium- and small-sized tombs outside the Middle Demarcating Trench in Tomb-garden No. 6. In Tomb-garden No.1, to the northeast of the Middle Demarcating Trench, they discovered 446 medium- and small-sized tombs contemporary to or later than this tomb-garden, which must be funeral burials. Among the vestiges newly-discovered in the No. 6 tomb-garden are the Middle Demarcating Trench and passages between its sections, two "日"-shaped sacrificial pits and the rammed-earth building on the No. 15 "中"-shaped large tomb. In the No.6 tomb-garden, to the southwest of the trench, excavation revealed 703 medium-and small-sized burials contemporary to or later than this tomb-garden. The prospecting verified to a certain extent that the "中"-shaped large tomb is just the mausoleum of Duke Qin, and the three "甲"-shaped large tombs may be the graves of the crowned princes that did not came to the throne. It provided important data for studying the "duke tombs" and " clan tombs" and the formation and development of the high-rank grave building institution in the early Qin State.

六号陵园中兆沟外侧中型墓（M598）
Medium-sized Tomb (M598) outside the Middle Demarcating Trench in Tomb-garden No. 6

六号陵园中兆沟外侧中型墓（M598）出土陶器
Pottery from a Medium-sized Tomb (M598) outside the Middle Demarcating Trench in Tomb-garden No. 6

六号陵园中兆沟外侧中型墓附属车马坑（M601）
Horse-and-chariot Burial Pit (M601) Auxiliary to a Medium-sized Tomb outside the Middle Demarcating Trench in Tomb-garden No. 6

香港屯门
扫管笏遗址

SOKWUNWAT SITE AT TUENMUN IN HONG KONG

扫管笏遗址位于香港特别行政区新界屯门南部扫管笏村西南的古沙堤上。该遗址三面环山，背靠泻湖，面对大致呈东北—西南走向的河谷口，海湾两端各有一岬角，形成天然屏障。扫管笏附近的山岗上小溪密布，水源丰沛，溪流汇集后在两侧绕过古沙堤，汇入大海。

20世纪50年代前，沙堤的北部尚保存完好，沙堤后面曾有大面积的农田；沙堤前，除浅滩浅海外，也有一定面积的农田，而遗址中心所处的位置，即是一片较为平坦的开阔地。由于香港的高速发展，如今遗址及其周围建筑崛起，公路如织，原沙堤的大部分被一军营球场所覆盖，早期的河谷口也被逐年填海而成为"黄金海岸"住房区和酒店。

自20世纪20年代以来，中外学者曾对该遗址进行了多次的田野调查和试掘、发掘。由于扫管笏遗址上将兴建学校，为尽可能完整地收集和保存该遗址的考古与历史文化信息，香港康乐及文化事务署古物古迹办事处邀请中国社会科学院考古研究所组成联合考古队，对扫管笏遗址进行了大型抢救性考古发掘。发掘工作自2008年11月17日始，至2009年7月17日结束，历时8个月。发掘区共分为两区，发掘总面积计4007.6平方米。

发掘及初步研究表明，除了近、现代堆积外，扫管笏遗址主要包含了约相当于商周时期、东周时期、汉代以及明（清）等四个时期的文化遗存。

商周时期的文化遗存，主要是发现了保存相当完好的活动面。活动面上发现了灶址、房址、墓葬和灰坑等遗迹现象以及分布密集的陶片、石制品等文化遗物和人类有意采集而来，但未经过加工或使用的天然石块等。

活动面主要分布在I区，面积约600平方米。活动面上发现的文化遗物，主要包括分布密集的陶片和石制品两类。陶器以夹砂陶为主，可以辨别的器类主要包括釜、罐、钵等；石制品包括块，以及大量制作块所产生的石料、半成品（块坯）、废品、块芯、石核、石片、碎屑和制作块的工作台、石锤、石砧、砺石等。块坯和半成品有成堆分布的现象。另有少量石斧、石锛。石质以石英为主，另有一定比例的凝灰岩。上述现象说明，在商周时期，扫管笏

1949年遗址地貌航空拍摄图
Geomorphology of the Site, an
Aerial Photo Taken in 1949

遗址位置图
Location of the Site

发掘现场
Excavation-site

遗址存在着一定规模的手工业作坊，其主要内容是制作耳饰玦。

发现商周时期的墓葬6座，主要分布在手工业作坊的四周。均为长方形竖穴土坑墓，未发现葬具和人骨遗骸。随葬品包括陶釜（罐）、陶钵、器盖以及玉环和玉玦等。

发现10余处用2~4件不规则石块组成的灶址，呈东南—西北向一字排开。灶址周围地层均呈灰色或灰黑色。

房址主要位于发掘区西北部，大部分残缺不整，仅F3保存较好。从柱洞和居住面的情况来看，这些房址基本为近圆形地面建筑，以窝棚式的简易建筑为特点。房址内有天然石块组合成的灶，灶周围散布炭屑。

值得注意的是，目前发现的房址和墓葬均有一定的分布规律，如房址主要发现在商周遗存分布范围的西侧；墓葬则分布在商周遗存范围的东、南和西侧。房址和墓葬中，除F4和M42距商周活动范围略远外，其余均位于商周文化堆积范围的边缘地带。种种迹象表明，商周时期，人们的生活起居、生产活动以及墓葬，都有各自相对固定的区域。

东周时期的文化遗存主要为活动面，其分布范围更大，遍及I区和II区，但仅II区保存较好，I区因地势较高，后期破坏严重，东周时期的地层仅断断续续分布。

文化遗物主要包括陶器、石制品和少量青铜工具等。陶制品以夹砂陶为主，出现了数量较多的泥质硬陶，如夔纹陶、方格纹陶等，并发现部分原始瓷器。可以辨别的器类包括釜、罐、豆、钵等。石制品包括玦，大量制作玦所产生的石料、半成品（玦坯）、玦芯、废品、石核、石片、碎屑，以及制作玦的工作台、石锤、石砧、砺石等。玦坯有时成堆出土。另有少量石斧、石锛和石镞。石质以石英为主，另有较多的水晶玦、水晶碎屑和占有一定比例的凝灰岩。范有成

商周时期活动面（北—南）
Floor of the Shang-Zhou Period (photo from north to south)

商周时期墓葬（M10）
Tomb M10 of the Shang-Zhou Period

M10出土陶器
Pottery from Tomb M10

商周时期活动面上灶分布情况（西北—东南）
Stoves on the Floor of the Shang-Zhou Period
(photo from northwest to southeast)

商周时期灶（T1616Z10）
Stove of the Shang-Zhou Period (T1616Z10)

商周时期房址（F3）
House-foundation F3 of the Shang-Zhou Period

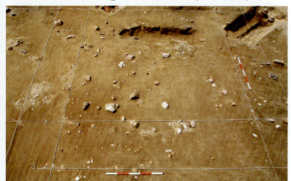

东周时期活动面（T1509L4S）
Floor of the Eastern Zhou Period (T1509L4S)

东周时期活动面（T1509L4S)出土石范及玦坯
Stone Moulds and Unfinished *Jue* Penannular Rings
from a Floor of the Eastern Zhou Period (T1509L4S)

东周时期活动面（T1509L4S)出土玦坯
Unfinished *Jue* Penannular Rings from a Floor of the Eastern Zhou Period (T1509L4S)

东周时期石范
Stone Moulds of the Eastern Zhou Period

品、半成品和残器等，主要用来浇铸青铜斧和镞等。青铜制品的数量较少，且以青铜武器和工具为主，包括镞、鱼钩和篾刀等。该阶段新出现的水晶玦及水晶原料、碎屑和夔纹陶，在I区的地层中未发现，显示了广东地区东周时期较明显的文化特征。

从出土文化遗存分析，东周时期的活动面仍以加工玦类器为主。但其作坊的规模更大，玦的品类增加，出现了水晶质的玦。同时，从遗址中发现的较多的石范的半成品、成品和残器来看，当时也加工冶铸青铜武器和工具的石范。虽然没有发现明确的与青铜冶炼有关的遗迹现象，但进一步研究其冶金铸造工艺，将可为探讨岭南地区青铜铸造技术的扩散与社会发展等问题提供一组有明确层位及共存物的研究资料。

是否当时也在此进行过冶金铸造活动，尚需更多的发现来说明。

汉代的文化层只在少数探方中有小面积的分布，但最重要的是发现了一座墓葬（M6)。该墓上部被破坏，为长方形竖穴土坑墓，未见葬具和人骨。墓内填土为灰褐色沙土。随葬品包括铁斧、青铜盘、青铜耳杯各1件，玉玦2件。玉玦分置两边，相距约30厘米。2件玉玦均制作精美，从出土位置看应属于配套的一对耳饰。扫管笏汉墓是继1955年李郑屋汉墓发现

以来，香港地区汉代考古的又一次较重要的发现，对于扫管笏遗址和香港汉代文化的研究，对香港和内地古代文化关系的研究都具有特别重要的意义。

明（清）代文化遗存，除地层外主要是墓葬。墓葬主要分布于I区南部和II区中、南部。均为长方形竖穴土坑墓。墓向以西南—东北向为主，东南—西北向次之。多数人骨架保存极差，仅个别铺垫石灰的墓，骨架保存稍好。普遍以木棺作葬具。随葬品包括陶瓷器、铜钱、铜簪、戒指、铁刀、铁镰、铁剪等。陶瓷器均放置于脚下。最常见的是在2件瓷罐之上扣2件瓷碗组成2套4件组合，多数在一件罐内放置稻米，另一件不见遗存。

香港古代遗址的发掘与研究，在华南地区考古学研究上占有重要地位。此次扫管笏遗址历史上最大规模的抢救性考古发掘，发现了不同时期、内容丰富、形式多样的古代人类文化遗存，反映出扫管笏遗址文化内涵的丰厚与长久的延续性，为我们深入解读不同时期香港地区古代居民的生产、生活状况提供了重要线索，更为我们认识香港与华南大陆间的文化关系及其在华南考古学上的重要地位提供了极为重要的实物资料。

（供稿：傅宪国）

The Sokwunwat site is located on the ancient sand dyke southwest of Sokwunwat Village in southern Tuenmun of the New Territories, Hong Kong Special Administrative Region, where the Antiquities and Monuments Office of Hong Kong and the Institute of Archaeology, CASS carried out joint excavation in November 2008 to July 2009, opening an area of above 4,000 sq m. The site contains mainly cultural remains roughly corresponding to the Shang-Zhou, Eastern Zhou, Han and Ming periods. Among the Shang-Zhou remains are jade *jue* ornamental penannular ring workshops, house-foundations, tombs and stoves built of natural stones, as well as pottery, stone and quartz objects. The Eastern Zhou remains include vestiges of handicraft workshops, pottery, and stone, quartz, crystal and bronze artifacts. In addition, sandstone moulds were discovered in a large number, which suggests that this sort of workshop made not only ornamental jade *jue*, but also stone moulds for casting bronze implements. The site is so far the locality richest in stone moulds across South China. As to the Han tomb, the unearthed objects of the bronze earring and flat-bottomed dish, iron axe and jade *jue* types are important finds in the Han period archaeology of Hong Kong. They provided valuable data for studying the history and culture of Han period Hong Kong and the cultural relationship of this district with other areas of South China.

东周时期石范
Stone Mould of the Eastern Zhou Period

汉墓出土器物
Objects from the Han Tomb

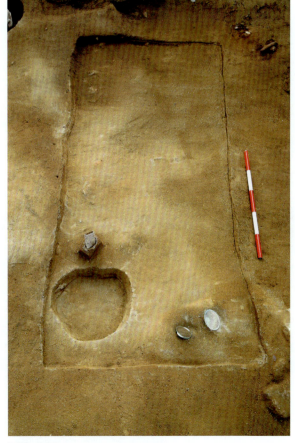

汉墓 (M6)
Tomb M6 of the Han Period

浙江安吉
上马山古墓群发掘

EXCAVATION IN THE ANCIENT SHANGMASHAN CEMETERY IN ANJI, ZHEJIANG

上马山古墓群位于浙江省安吉县良朋镇，为配合天子湖开发区良朋工业园区的建设，2007年4月～2009年10月浙江省文物考古研究所与安吉县博物馆联合对其进行了发掘。共发掘土墩57座，清理墓葬328座，出土随葬器物2821件。墓葬有竖穴土坑墓、券顶及穹隆顶砖室墓、土墩墓等，随葬器物有陶器、瓷器、铜器、铁器、玉石器、漆木器等。

竖穴土坑墓占墓葬总数的80%以上，在土色易辨的较大型土墩中可明显看到先筑墩后挖墓坑的建墓过程。依墓坑规模的大小，土坑竖穴墓大体可分为甲、乙两类。甲类墓的墓坑长3米以上，宽2米以上，其中D27共发现墓葬19座，大部分是墓坑平面近方形、边长4米以上的大型墓，甲类墓基本为一棺一椁，个别墓椁内有并列的双棺及前后双椁，出土的随葬器物较丰富，少则约20件，多的有40多件，有少数墓葬在墓坑的一端

有一条斜坡墓道，有几座为平面呈"凸"字形的特大型墓。乙类墓的墓坑长约2米，宽约1米，多仅见一棺或很小的棺椁紧密相套，该类墓中有少数在一端设龛摆放器物，也有部分坑底两侧有生土二层台，乙类墓的随葬器物较少，大多仅随葬1～2件陶器，少数墓葬甚至无任何随葬品。两类墓葬分布均相对集中，大墓多集中在较大型的土墩内，而小墓也都集中成片分布，无论墓坑规模大小均见有较多同一土墩下双墓异穴并列合葬的现象。

从墓坑的填筑、墓底木结构及随葬品的组成情况来看，竖穴土坑墓又可分为两类，一类墓的墓坑自上而下普遍填筑以黄、红等色土为主的花土，墓底木结构均朽烂严重，仅能根据土色确定棺椁的平面范围，墓底的随葬器物以典型的汉代高温釉陶及火候较高的硬陶器占绝大多数，我们称这类墓为本地典型的汉墓；另一类墓墓坑的填

土中夹杂部分青膏泥，且越靠近底部青膏泥的成分越重，墓坑底部的清理往往在泥烂不堪的状态下进行，墓底棺椁结构清晰，部分墓的木质棺椁甚至保存完好，墓底随葬品基本为泥质陶礼器，保存较好的墓还有精美的漆木器和彩绘陶礼器，少见共存的个别硬陶或高温釉陶器，我们称这类墓为带有明显楚墓特点的楚式墓，显然该类墓葬应略早于前一类墓，它是战国后期楚人强势统治越地后楚文化因素的短暂延续。

土坑墓中有4座墓葬的规模明显高于其他墓葬（D27M9、D49M6、D53M5、D72M2）。这4座墓葬的墓坑平面均呈"凸"字形，除常见的棺椁结构外，在墓坑前端有一凸出的部分，我们通常认为是墓道，发掘表明，其底部与后端墓坑底处于同一平面，无法起到墓道的作用，同时，在这里还都发现了另一个单纯放置随葬器物的专用器物箱（有朽烂后的平面封闭的木结构痕迹），它和后端墓坑部分的椁室分列前后，或可称之

为外藏椁，同时这4座墓葬的椁内均有并列的双棺，可能是夫妻同穴合葬墓。

除土坑竖穴墓外，上马山墓地还有小部分汉六朝时期的砖室墓（包括券顶砖室墓和穹隆顶砖室墓）及极少数西周至春秋时期平地掩埋的土墩墓，除个别土墩墩内墓葬均为纯粹的土墩墓外，其余土墩墓零散分布在有汉墓的土墩下层。

上马山墓地出土的随葬器物十分丰富，土坑墓出土的器物包括釉陶器、硬陶器、泥质陶器、铜器、铁器、玉器、石器、漆木器等，尤以釉陶器及硬陶器占绝大多数，陶瓷器的器物种类有鼎、豆、盒、壶、钫、瓿、罍、罐、熏、杯、勺、耳杯、灶、井等，个别墓还随葬了成套的鸡、狗、牛、马等釉陶冥器，出土的铜器有镜、洗、壶、釜、鍪、樽、勺、耳杯、剑、戈、印章等，铁器包括釜、剑、刀、戟、矛、削、镢等，玉、石器的数量不多，有璧、璜、剑格及小的珠

M80全景
A Full View of Tomb M80

M10棺椁及随葬器物出土情况
Inner and Outer Coffins and Funeral Objects of Tomb M10 in Excavation

M5全景
A Full View of Tomb M5

管饰件等，部分墓葬有用玉器打碎散布在棺内随葬的现象，在个别墓葬中还出土了滑石质地的壶、钫、罐、磨、臼等，部分楚式墓葬因墓坑填筑青膏泥，墓底箱式棺椁结构保存较好，边箱内出土了保存完好的精美的漆木器及彩绘陶礼器，漆木器的种类有盒、奁、耳杯、梳、篦、俑等，具有鲜明的楚式墓葬风格，个别楚式墓中还出土铜半两钱。根据墓葬的形制、结构及随葬器物判断，上马山土坑墓的时代大多为西汉，少数可晚至两汉之交或东汉早期。

西周至春秋时期的土墩墓普遍较小，墓中出土的器物数量不多，器物种类有原始瓷豆、碗、盅、碟、罐及印纹硬陶罐、瓿等，东汉至六朝时期的砖室墓多为单室券顶墓，也有少数前后双室的券顶墓、穹隆顶砖室墓，个别墓葬还带有耳室，出土的随葬器物有青瓷碗、罐、壶、堆塑罐、虎子、唾壶、狮形烛台等。

安吉上马山墓群墓葬的数量较多，分布集中，出土遗物丰富，所清理的300多座墓葬集中在不足一平方公里的范围内，同时墓群内墓葬的时代比较集中，多属于西汉，从较大的范围来考察，墓群南偏东距离安吉古城仅3.5公里，属于古城的辐射范围之内，是古城外围的主要墓葬群之一，墓葬时代与古城相对应（安吉古城的初步试掘表明，古城始建于战国，城内主要堆积属汉代，沿用至西晋），它与古城外围分属于不同时期的龙山墓群、笔架山墓群一起与古城形成一个联动的整体。上马山古墓葬的发掘为安吉古城遗址的综合研究，为研究战国、西汉时期的墓葬制度和埋葬习俗，建立本地区西汉墓葬的分期等提供了丰富的资料。

（供稿：田正标　黄昊德　刘建安）

彩绘陶鼎
Post–firing–painted
Pottery *Ding* Tripod

釉陶鼎
Glazed Pottery
Ding Tripod

釉陶盒
Glazed Pottery Box

釉陶壶
Glazed Pottery Pot

釉陶瓿
Glazed Pottery *Bu* Liquid
Container

釉陶熏炉
Glazed Pottery Censer

釉陶狗
Glazed Pottery Dog

青瓷虎子
Celadon Chamber Pot

青瓷谷仓罐
Celadon Jar with Sculptures

青瓷烛台
Celadon Candlestick

铜镜
Bronze Mirror

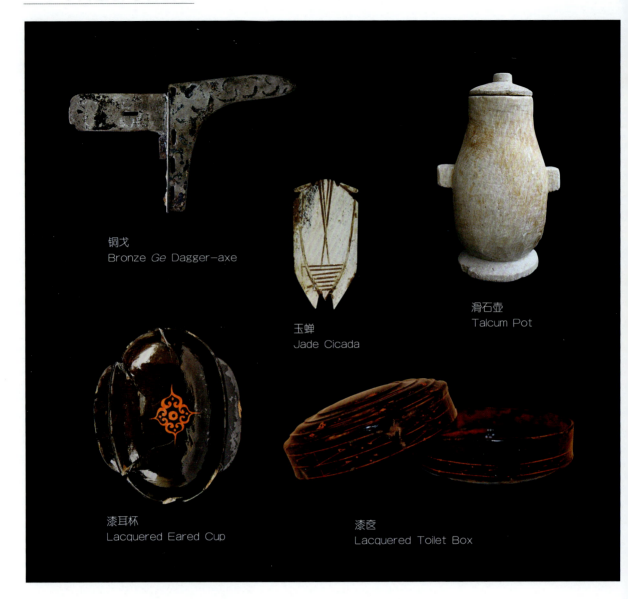

铜戈
Bronze *Ge* Dagger-axe

玉蝉
Jade Cicada

滑石壶
Talcum Pot

漆耳杯
Lacquered Eared Cup

漆奁
Lacquered Toilet Box

The Shangmashan cemetery is situated at Liangpeng Town of Anji County, Zhejiang Province. In April 2007 to October 2009, the Zhejiang Provincial Institute of Cultural Relics and Archaeology and the Anji County Museum excavated jointly in the cemetery and revealed 57 mounds with 328 tombs, which yielded 2,821 funeral objects. The tombs fall into the earthen-pit, the vault-and dome-top brick-chambered and the mounded types. The first type accounts for above 80%, largely belongs to the Western Han period, though some tombs show features of Chu-style graves and a few might be as late as the eastern Han to the Jin period. The second type belongs to the Eastern Han to Jin period. The third type is represented only by a small number of tombs, and in date may correspond to the early Western Zhou to late Spring-and-Autumn period. Among the unearthed funeral objects are pottery, porcelain, bronzes, ironware, jades and lacquered wooden articles. The excavation brought about rich material data for the establishment and perfection of the periodization of Western Han tombs in that region and for the study of the local tomb form and burial custom.

曹操高陵

GAOLING MAUSOLEUM OF CAO CAO

魏武帝曹操高陵位于河南省安阳市西北15公里的安阳县安丰乡西高穴村西南部，漳河南岸，东距西门豹祠遗址约7公里，距邺城故址14.5公里。

这里地势高亢，高出周围地面3～4米。由于村民烧砖取土，墓葬西部被挖成一个5米深的大坑，暴露了墓葬的西半部夯土，遭到盗掘，2005年以后多次被盗。2006年，从墓中盗出了刻有"魏武王常所用挌虎大刀"石牌1块及刻有"魏武王常所用慰项石"石枕一件。2008年，从墓中盗出可拼对成一个完整的画像石残块3块。该画像石的画像内容丰富，画面精美，技法娴熟，为减地线刻。其内容有"七女复仇"、"伯夷、叔齐不食周粟"等故事，并题刻有"主簿车"、"咸阳令"、"纪梁"、"侍郎"等铭文。

为了保护此墓，经国家文物局批准，2008年12月初由河南省文物考古研究所对其进行了抢救性发掘。至2009年底，发掘工作基本结束，取得了阶段性的成果。

该墓开口于地表下2米处，经发掘未见封土。墓室西部断崖处有一个口径3.8、深3米的大型早期盗洞，未盗至墓室。断崖下有南北两个盗洞，分别编为1号盗洞和2号盗洞。由于上部地层已经被砖场取土时挖掉，1号盗洞的时代不明。2号盗洞为现代盗洞。在清理1号盗洞时，在距地表5米处的盗洞周围出土了大量的画像石残块。这两个盗洞穿过墓顶夯土层，打破砖券，进入墓葬后室顶部靠后部位，直径约1米。

墓道两边有9对南北两两对称的磬形坑，每个磬形坑的内凹处各环抱一个不规则形坑，并各有一排东西向排列的柱洞。在墓道东端有一排南北向排列的方坑，墓道东端右侧有一个东西向的长3、宽1.6米的长方形坑。墓葬中部有一条南北向的夯土层带，被墓道打破。

该墓坐西朝东，方向110°，由墓道、墓门、甬道、前室、后室和南北4个侧室组成。墓圹的平面呈前宽后窄的梯形，东面最宽处宽22米，西面最宽处宽19.5米，东西长18米，整个墓葬的占地面积约740平方米。

墓道呈斜坡状，长约39.5、宽9.8米，最深处距地表约15米。墓道两壁分别有7个台阶，逐级内收。在墓道与墓门交界处的南北两边各有一道长5、高4米的砖砌护墙，每面墙的墙体内立有5根原木立柱作为龙骨。墓道填土内含有大量料姜石，经平夯夯实，十分坚硬。

墓门宽1.95、高3.02米，砖券顶。有石门，石门外有3层封门砖。墓室为砖室墓，分为前、后两室。前室近似方形，东西长3.85、南北宽3.87米，四角攒尖顶。有南、北两个侧室，南侧室的平面为南北长3.6、东西宽2.4米的长方形，弧形券顶；北侧室的平面为南北长1.83、东西宽2.79米的长方形，四角攒尖顶。后室东西长3.82、南北宽3.85米，四角攒尖顶。有南、北两个侧室，侧室南北长3.6、东西宽1.9～1.92米，弧形券顶。

墓室为青石铺地，4个耳室墓道周围均有一道凹槽，门的质料不明，因盗掘而被破坏。

墓道
Tomb-passage

该墓虽然多次被盗，但仍出土了大量的随葬器物，绝大多数经过扰动。出土的随葬器物有金器、银器、铜器、铁器、玉器、骨器、漆器、瓷器、釉陶器、陶器、石器等，可复原的器物有250余件。

玉圭和玉璧均为青石质地，玉圭长28.9、宽7.4厘米，玉璧的直径为28厘米。

刻有铭文的石牌62块，依形制可分为两大类。一类为圭形，长10.8、宽3.1、厚0.8厘米，尖部中间有穿孔，孔内有铜环，铜环连以铜链，铭文有"魏武王常所用挌虎大戟"、"魏武王常所用挌虎大刀"、"魏武王常所用挌虎短矛"等。另一类为六边形，长8.3、宽4.75、厚0.7厘米，上部中间有穿孔，铭文内容为随葬品的名称和数量，如衣服类有"黄绫袍锦领袖一"、"白练袜一量"、"白练单衫二"等，用具类有"镜台一"、"书案一"、"渠枕一"、"淶唾壶一"、"刀尺一具"等，其他还有"香囊卅双"、"胡粉二斤"等。

铁器主要有铠甲、剑、镞、削等兵器，另外还有铁镜、铁帐构架等。

铁铠甲的数量较多，有大量散片，部分锈蚀在一起，呈扇形鱼鳞状。甲片四周有穿孔，从锈蚀在一起的部分铠甲看，其上部为牛皮缝边，以牛筋缝合。

铁镞的镞头呈四棱状，较钝，木杆，镞铤与杆用丝线缠绕固定。

墓门
Tomb Gate

分将范线打磨平整，基本不见痕迹。青铜器中的铜锄明器、铜铲明器，为仿实用器的形制制作，器形小，制作粗糙，边缘多不经打磨，不平整；器身两侧不对称，空心銎表面还有因铜液流淌不均而留下的空隙。目前该类器物仅发现于金莲山墓地。铜铁合制器绝大部分为武器，包括铜骹铁矛、铜柄铁剑，采用铜铁部分分别铸造，再焊接在一起的方法；另有较多的绿松石珠、绿松石扣、玛瑙珠、玛瑙管、木镯等，散见于部分墓葬中。大多数器物体现了典型的石寨山文化特征，如尖叶形铜锄、方銎铜斧、椭圆銎铜斧、各种不同形制的铜扣饰、铜钏、鸭嘴形骹的铜矛、喇叭口一字格铜剑、蕈形首长格铜柄铁剑、木镯等，均常见于石寨山文化墓地中。此外，金莲山墓地也出土了少量的汉式器物，如铜釜、铜鍪、铜刁斗、铜镜、五铢钱及王莽时期的"大泉五十"、"大布黄千"等。随葬品从不见汉式器物到偶见汉式器物，再到以汉式器物为主，反映了中原地区两汉王朝对该文化的不断渗透与替代过程。

发掘区的东南部为祭祀遗迹，在自然基岩表面有较厚的灰烬层，灰烬层表面散布着大量的同心圆纹盘残片，此外还有较多的黄、灰、褐陶片，可明确的器类有釜、尊、罐、钵。灰烬中还散见人下颌骨、动物牙齿（种属不明）、铜镞、石坠、陶纺轮、陶动物形器纽等。这是目前首例在石寨山文化墓地中发现的祭祀遗址，对于研究当时人群的社会活动和宗教信仰有重大意义。

金莲山墓地为石寨山文化的研究增添了可贵的新材料。目前对该文化的研究仍以墓地材料为主，遗址材料相当匮乏。在距金莲山不远的学山，经勘探，确定为一处与金莲山墓地同时期的遗址，文化堆积厚，其文化主体很可能为金莲山墓地的部分墓主。对该墓地、该文化的研究，还有赖于对遗址的深层次的认识。

（供稿：蒋志龙　何林珊　周然朝）

M166全景
A Full View of Tomb M166

M209第一层
First Layer in Tomb M209

铜钺
Bronze *Yue* Battle-axe

铜斧
Bronze Axe

铜柄铁剑
Bronze　handled Iron Sword

M113第三层
Third Layer in Tomb M113

M155底层
Bottom Layer in Tomb M155

铜戈
Bronze *Ge* Dagger-axe

铜戈
Bronze *Ge* Dagger-axe

玉管
Jade Tube

铜圆形扣饰
Round Bronze Buckle

铜明器
Funeral Bronzes

The Jinlianshan Cemetery lies to the east of Jiucheng Village in Yousuo Town, Chengjiang County, Yunnan Province and belongs to the Shizhaishan culture. In October 2008 to April 2009, the Yunnan Provincial Institute of Cultural Relics and Archaeology, in cooperation with related municipal and county institutions of cultural relics, organized an archaeological team to carry out there an initiative archaeological excavation. The opened area is on the summit of Jinlianshan Hill, where 266 tombs were excavated in an area of less than 600 sq m. These graves are all typical burials of the Shizhaishan culture, and in date correspond to the Spring-and-Autumn to early Eastern Han period. The unearthed funeral objects number more than 1,000 pieces and fall into bronzes, ironware, pottery, jades, stone implements, bone artifacts, etc., with the bronzes account for the most, including tools of production, daily-use utensils and weapons. The most distinctive feature of the cemetery is its intricate burial manner and special burial custom. There are single, joint and piling-up burials. The excavation furnished valuable data to the study of the Bronze Age culture in the Dian Lake region.

新疆乌鲁木齐
萨恩萨依墓地发掘

EXCAVATION IN THE SAENSAYI CEMETERY IN URUMQI CITY, XINJIANG

为配合乌鲁木齐市大西沟水库枢纽工程建设，2006~2008年，新疆文物考古研究所与乌鲁木齐市文物管理所联合对萨恩萨伊墓地进行了抢救性考古发掘，发掘墓葬共计180座，出土随葬器物300余件（组），获得了大量珍贵的资料。

萨恩萨依墓地位于乌鲁木齐市南郊板房沟乡东白杨沟村三队萨恩萨依沟口二级台地及山坡上，系全国第二次文物普查发现。墓地依山傍水，地势平坦、开阔，北距乌鲁木齐市68公里，南距乌鲁木齐市跃进钢铁厂约7公里，地理坐标为东经87°12′09.3″，北纬43°18′47.7″，海拔约1800米。整个墓地约有200座墓葬，墓葬地表均有明显呈丘状的石堆或石围。墓室的形制多样，有竖穴土坑、竖穴石室、竖穴偏洞室、竖穴偏室等；葬式有仰身直肢、仰身屈肢、侧身屈肢等，分单人葬和多人葬。墓葬类型多样，文化面貌复杂，时间跨度较大，延续较长，上至青铜时代下至汉唐时期，分布态势早晚夹杂，较大墓葬均分布在墓地东部即地势较高的山脚下，各类型的墓葬又相对集中分布。

早期墓葬的数量较少，计16座。分布在墓地的中部，地表无封堆，仅见圆形窄石圈，墓室为圆形或长方形竖穴土坑，墓室底部往往在中部有东西向生土隔梁或"十"字形隔梁，人骨零散，无一完整，大部分散乱在隔梁上或填土中。均为单人葬，随葬品一般放置在底部两端凹槽中。出土的随葬品有陶器、铜器、石器，陶器的器形特殊少见，为夹砂灰褐陶，平口、深腹、平底，个别口沿部有三角戳印纹；铜器有素面铜镜、权杖头、铜碗等，石器为石臼。此类墓葬在新疆尚属首次发现，年代距今约3890年，属于青铜时代文化遗存。

中期墓葬为该墓地的主体文化墓葬，数量众多，约占墓地墓葬总数的三分之二。大致呈东西向3列分布在台地稍隆起的山梁上，从发掘情况看墓主地位身份较高的埋在东部，其封堆、墓室规格相对较大，随葬品也较丰富；一般墓葬的规模较小。墓葬封堆均为圆形石圈石堆，墓室为长方形竖穴土坑或者竖穴石室，墓坑中均填大小均匀的小卵石，墓主一般头西脚东，多仰身直肢，头枕石片，右侧及头部处放置陶器（彩陶居多）、铜刀、铜（骨）箭镞等随葬品，左侧放置羊头，足部放置马头及蹄骨，少量马嘴中残留铜马衔，并伴出少量马镳。墓葬大部分遭到早期严重盗扰，人骨凌乱，随葬品残损、移位。据碳十四测定和相关遗物分析，应是约公元前7世纪的文化遗存。

大、中型墓葬封堆的直径在15米以上，高约1米，墓室较大、较深，墓坑长约4、宽约2、深约3米。墓底及四壁砌一周片石，有的还在东西两壁留有二层台。其中2座墓底的四角还有4个圆柱洞，洞内以小片石相砌，应为棚架之用。随葬品有铜镜、铜刀、彩陶、石杯等。与一般墓葬在殉牲的数量上有明显区别，马头、羊头、蹄骨的数量明显多于一般墓葬。

普通墓葬封堆的直径在10米以下，高约0.5米，墓室则较小、较浅，墓坑长约2.2、宽约1、深约1.5米。有单人葬，也有多人合葬。随葬品中箭镞的数量较多，分铜质和骨质，单翼或多翼（无铤）骨镞，形制独特少见，在新疆尚属首次发现。

晚期墓葬出现洞室墓和偏室墓，开始出现铁器，个别墓葬出土有丝绸残片。偏室或偏洞一般开在墓室的南壁，多为单人葬，葬式多为仰身直肢，头东脚西，随葬陶器、铜刀、铜镜、磨刀石、金饰、玉珠、海贝及复合弓的骨质弓弭等。墓葬中随葬羊骨，已无随葬马头、羊头的习俗，出土的彩陶的器形、纹样等与吐鲁番地区的极为相似。其时代为公元前后。

另外还发现几座唐代墓葬，

M37全景
A Full View of Tomb M37

M45出土陶罐
Pottery Jar from Tomb M45

M47出土陶罐
Pottery Jar from Tomb M47

M58出土陶罐
Pottery Jar from Tomb M58

M70石圈
Stone Enclosure of Tomb M70

多人合葬墓（M22）
Multiple Joint Burial (M22)

石室墓（M9）
Stone-chambered Tomb (M9)

土石封堆，墓室为南北向的椭圆形或半月形，墓底西部有二层台，在二层台上放置人骨，东侧坑内则随葬一匹整马。墓葬均遭严重盗扰，出土有铁马镫、铜带饰、金戒指等，铜带饰有方形铜銙饰、半圆形铜銙饰、拱形铜銙饰、铜带环和铜铊尾，与宁夏及内地唐代墓葬出土的同类器一致。

天山地区是早期游牧民族活动的重要场所，萨恩萨依沟墓地地处天山腹地，夏季雨量充沛，水草丰美，是游牧民族的理想栖息之地。从发掘资料分析，墓地的规模较大，分布较为集中，墓葬类型多样复杂，文化面貌错综复杂，沿用时间较长。早期墓葬，从其铜器、陶器的器形和纹样看，可能与中亚的安德罗沃文化有密切关系。中期墓葬出土的铜镜、铜刀、铜锥、管銎戈、马衔、马镳等，与欧亚大陆草原早期游牧人所使用的兵器、马具，特别是其中的衔和镳有相似之处；出土的"球形陶罐"与北亚叶尼塞河中游米奴辛斯克盆地塔加尔文化、阿勒泰地区的克尔木齐文化的器类相似；墓葬中普遍以马、羊的头和蹄殉牲，仅发现一例殉牛头的现象，未见相关的居住址及从事农耕的生产工具等，而不同质地、不同形制的箭镞较多，充分反映了欧亚大陆草原斯基泰游牧文化的特色。晚期墓葬的一个显著特点是出现了铁器，某些陶器的器形、纹饰与相邻的吐鲁番地区的苏贝希墓地、洋海墓地、乌鲁木齐柴窝堡墓地出土陶器的器形、纹饰较为一致，体现了随着丝绸之路的昌盛，与周边考古学文化甚至中原文化联系的加强。

欧亚大陆草原地域广阔，民族关系错综复杂，各部族之间频繁迁徙和征战，各种文化之间相互影响和彼此渗透，文化族属较难判断。该墓地的大部分墓葬虽经过早期盗扰，但从各种遗迹现象和出土遗物来看，反映了各时期游牧民族发展、活动的情况，为研究天山中段乃至整个欧亚大陆草原早期游牧文化发展、演进的序列以及诸多相关问题提供了珍贵的资料。

（供稿：阮秋荣　胡兴军　梁勇）

M113出土铜镜
Bronze Mirror
from Tomb M113

M106出土铜马衔
Bronze Bit from Tomb M106

M22出土彩陶罐
Painted Pottery
Jar from Tomb M22

M106出土彩陶罐
Painted Pottery Jar
from Tomb M106

M102出土石杯
Stone Cup from
Tomb M102

M82出土彩陶罐
Painted Pottery Jar
from Tomb M82

M88出土陶盆
Pottery Basin
from Tomb M88

M73出土骨饰件
Bone Ornaments from Tomb M73

M125出土银碗
Silver Bowl from
Tomb M125

The Saensayi cemetery is located on the second terrace and a hill-side at the Saensayi Pass of Banfanggou Township in the southern suburbs of Urumqi City, Xinjiang, 68 km to the north of the city proper. In coordination with the construction of the key works of the Daxigou Reservoir in the city, the Xinjiang Institute of Cultural Relics and Archaeology excavated in the cemetery in 2006 to 2008, which resulted in the revelation of 180 tombs. These graves are all furnished with stone barrows or enclosures on the ground, under which are earthen or stone pits, shafts with caves, or those with the burial chamber and the tomb-passage built side by side. In burial manner there are single and multiple burials in an extended supine, flexed supine or flexed sideward position. The unearthed funeral objects total more than 300 pieces/sets, including bronzes, pottery, bone artifacts, gold-ware and ironware, which show features of the early nomadic culture in the Eurasian steppes. The cemetery features multiplicity in tomb type, intricacy in cultural aspect and great length in temporal span, lasting from the Bronze Age to the Han-Tang period. Its excavation provided significant data for researching into the early steppe nomadic culture in the middle Tianshan Mountains and even the whole Eurasia.

河北磁县

北齐高孝绪墓

GAO XIAOXU TOMB OF THE NORTHERN QI PERIOD IN CIXIAN COUNTY, HEBEI

北齐高孝绪墓（磁县北朝墓群M39）位于河北省磁县讲武城镇刘庄村西350米处，西北距磁县县城4.5公里，东距京广铁路、兰陵王墓1.4公里，西南距天子冢（北朝墓群M35，传为东魏孝静帝之墓）2公里，东北距湾漳大墓（北朝墓群M106，推测为北齐文宣帝高洋墓）3公里；地处磁县中部丘陵向平原过渡的岗坡地带，地势由西向东倾斜。2009年2~8月，河北省文物研究所与磁县文物保护管理所联合组成考古队，对南水北调中线干渠工程穿越的高孝绪墓进行抢救性考古发掘。墓葬墓道东西两壁的人物仪仗出行壁画保存较为完整，出土了石门、石门额、青瓷罐、彩绘陶俑、步摇冠金饰片、拜占庭金币等珍贵文物。

墓葬封土底缘平面呈长圆形，南北42.5米，东西30米，现存高度近6米。根据对封土解剖清理得知，其建造方法是：由早到晚分5个堆积先后堆筑。墓室置于封土中部偏北，以出露墓室顶部为中心，先堆筑第Ⅴ堆积对其包裹，呈圆锥形，土质为红褐色沙土与灰白色黏土；在第Ⅴ堆积外围堆筑第Ⅳ堆积，呈覆钵形，同时墓道上堆筑此类堆积，为长条形，土质与第Ⅴ堆积基本一致，夹杂小砾石，在其堆积表层皆为大块河卵石

铺砌，推测第Ⅳ堆积应为防盗而设；后在封土外缘堆筑环形第Ⅲ堆积，初步形成封土的大致轮廓，层层叠夯，土质为黄褐色沙质黏土与浅灰褐色黏土；依封土外轮廓，由南向北逐次倾土堆筑第Ⅱ堆积至封土北侧边缘，顶部略经夯打，土质为灰褐色沙土与黄色沙土；第Ⅰ堆积位于第Ⅱ堆积的顶部，为层层夯筑收缩成顶层平台，土质为深灰褐色胶质土。

墓葬的地下部分由斜坡墓道、甬道、墓室三部分组成，墓葬坐北朝南，总长25.7米。斜坡墓道长15.8米，方向194°，入口处深0.3米，墓道与甬道衔接处深5.8米，南侧宽2.5米，北侧宽2米，内填土为红褐色沙土与灰白色黏土，夹杂小砾石，未夯打。甬道全长3.6米，高3.4米，宽2.8米，为直壁券顶砖筑结构，砖壁厚0.36米，券顶为两券两伏，两侧砖壁为两顺一丁砌筑；甬道南端券顶之上有砖砌门墙，高2.4米，宽3.4米，中部被盗洞破坏；甬道与墓道衔接处现存封墙一重，有封砖两层，厚0.72米，上部被盗洞破坏，现存高度为1.2米；甬道底部为顺砖对缝铺砌，多处已缺失。墓室平面为弧方形，墓圹平面呈圆角长方形，下收缩成长方形，南北7.6米，东西7.5米；墓室南北5.2米，东西5.6米，面积

发掘现场
Excavation–site

墓室南部
South of the Tomb Chamber

墓室
Tomb Chamber

墓道西壁壁画
Mural on the Western Wall of the Tomb-passage

墓道西壁壁画
Mural on the Western Wall of the Tomb-passage

墓道东壁壁画
Mural on the Eastern Wall of the Tomb-passage

约30平方米；墓室为四角攒尖式结构，复原墓室高度为7.4米；墓室四壁高约3.7米，砖壁由两层砖砌成，砌筑方法为两顺一丁，厚0.72米。封土中部偏西有一直径7米的盗坑直达墓室内，对墓室西部、北部造成破坏，墓室内的棺床、铺地砖荡然无存，葬具、葬式不详。

墓葬现存彩绘壁画近40平方米，墓道两壁、甬道两壁及门墙上涂抹厚0.4～0.5厘米的白灰层，在其上绘制壁画。墓道两壁绘制的手执仪仗人物基本对称，现各壁保存13人，人物最高者1.4米，最矮者1.27米；以西壁为例：前4人为第一组单元，在队伍前列，人物头戴平巾帻，上身着红色右衽褶服，下身着红色小口裤，脚穿黑色鞋，手执红色鼓吹；紧随其后4人为第二组单元，人物头戴平巾帻，上身着浅蓝色右衽褶服，下身着浅蓝色小口裤，脚穿红色鞋，手执一棍棒状物，棒端加囊套，尾部稍弯曲；随后2人为第三组单元，头戴软巾风帽，长条幅巾向下飘垂，身着红色对襟窄袖长袍，腰系带，带上装有缀

饰，脚蹬黑色勒靴，手持黑色旗杆，上飘彩色三旒旗；其后3人漫漶不清，从仅存人物的黑色勒靴及旌旗顶端仗矛，推测应与第三单元人物的服饰、手执仪仗一致。甬道门墙及门券绘制云气纹、宝相莲花、缠枝忍冬纹，外轮廓用墨线勾勒，内涂橘红色。甬道东西两壁残存束莲花柱、侍卫图案，以东壁为例：靠近甬道南端绘制束莲火焰纹宝珠棱柱，通高1.64米，柱体下端为覆莲瓣纹柱础，棱柱的3个棱面分别涂红色、黑色、橘红色，中部以束莲瓣纹衔接，柱体上端饰覆、仰莲瓣纹，上托火焰纹宝珠；在其后残存人物的橘红色褶服袖口，下着白色大口裤，手执黑色长杆。墓室四壁下端仅存人物的靴子图案，其内容不详。在墓道北部的盗洞内发现两件石门扇，青石质，高1.7米，宽0.7米，其上阴线刻绘青龙、白虎、神兽图案。在墓室南部发现石门额，青石质，半圆形，残长1.3米，高0.7米，中心刻绘兽面，下绘制青龙、白虎、玄武等图案。

墓葬遭严重盗扰，只残存少量遗物，出土的

甬道西壁壁画
Mural on the Western Wall of the Corridor

陶俑出土情况
Pottery Tomb-figurine in Excavation

可复原标本有80余件，有陶盘、陶仓、青瓷罐、彩绘陶俑、步摇冠金饰片、拜占庭金币等。彩绘陶俑有提盾步卒俑、甲骑具装俑、文吏俑、风帽俑、女仆俑等。陶俑采用模制成型，局部雕塑修饰，烧制后通体彩绘。这批陶俑制作精良，人物的面部表情、服饰逼真，风格写实。

在墓室东南角发现墓志盖1件，青石质，边长0.8米，盝顶形，上篆书"大齐故修城王墓志铭"，四角各残留铁环穿凿痕迹，四周刻绘青龙、白虎、玄武、神兽图案。《北齐书》卷十四："阳州公永乐，神武从祖兄子也。……永乐卒于州，……谥号'武昭'，无子，从兄思宗以第二子孝绪为后，袭爵，天保初，改封修城郡王。"从而证实了该墓主人为北齐皇族高孝绪。

磁县北朝墓群北齐皇族高孝绪墓葬的发掘具有较高的学术价值。第一，墓葬壁画是此次考古发掘最重要的收获，高孝绪墓的壁画人物单栏布局，以简练的笔触准确捕捉人物的动态造型，隐然可见透视之意，似乎谙写生之法，颇有速写味道，用笔行云流水，一气呵成，挥洒自如，显示出画师把握造型和控制线条的深厚功底。绘画人物在造型上用笔简洁、准确，注重表现物象的整体轮廓和结构动势，人物的面部采用凹凸晕染画法，晕染部位在脸颊、眼窝、颈项等低凹处，通过深浅浓淡随结构转折而变化，面孔因而生动，体现肌肉质感；人物的衣袖及结带随风环绕身后飘出，线条流畅，人物的小口裤随风而形成的裤褶与之呼应，使人物形象有了三维立体感。这种用线简洁而形体周圆的人物画是北齐时期流行的"疏体"画法；墓道壁画人物可分三组，每组的人物形象、所执仪仗、服饰不尽相同，为研究北齐时期的仪卫等级制度提供了重要的实物资料；甬道内绘制的束莲花柱，为近年来北朝墓葬的首次发现，此柱的形制在邯郸峰峰南北响堂山石窟中所见，揭示了墓主人与佛教有密切的关系。第二，高孝绪墓出土的墓志盖，廓清了北齐皇宗陵域的大致范围，对磁县北朝墓群中东魏、北齐陵墓兆域的研究具有重要意义，为北朝墓群的科学保护方案的制定提供了重要资料。第三，墓葬封土的建造技法较为独特，为近年来考古发掘所少见，为北朝时期墓葬封土构建方法的研究提供了新材料。

（供稿：张晓峥）

墓志盖
Cover of the Epitaph

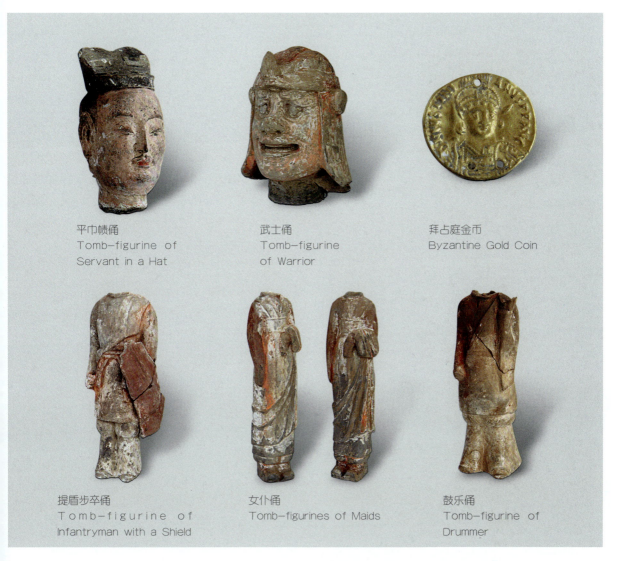

平巾帻俑
Tomb-figurine of
Servant in a Hat

武士俑
Tomb-figurine
of Warrior

拜占庭金币
Byzantine Gold Coin

提盾步卒俑
Tomb-figurine of
Infantryman with a Shield

女仆俑
Tomb-figurines of Maids

鼓乐俑
Tomb-figurine of
Drummer

The Gao Xiaoxu Tomb of the Northern Qi period is situated west of Liuzhuang Village of Jiangwucheng Town in Cixian County, Hebei Province, where the Hebei Provincial Institute of Cultural Relics and the Cixian County Office for the Preservation of Ancient Monuments carried out a salvage archaeological excavation in February to August 2009. The tomb has an elongated circular plan for the bottom of the mound and is approximately 6 m in remaining height. The underground part consists of an inclined tomb-passage, a corridor and a chamber. It faces to the south and measures 25.7 m in total length. In the passage, the murals of processions on the western and eastern walls are preserved intact on the whole,

showing roughly symmetrical human figures. In the southeastern corner of the chamber, an epitaph cover was discovered to bear the seal-script inscription "Da Qi Gu Xiucheng Wang Muzhiming" (大齐故修城王墓志铭 Epitaph of the Late Prefect of Xiucheng of the Great Qi). According to Chapter 14 of the *Book of the Northern Qi* 《北齐书》, the Head of Xiucheng Prefecture was Gao Xiaoxu, a member of the Royal family of the Northern Qi Dynasty. The excavation clarified on the whole the limits of the tomb-garden of the Northern Qi royal family. It has important value to the study of the Northern Qi royal gravesite in Cixian County, and provided valuable material data for researching into the institution of procession-enjoying ranks.

大同南郊
北魏墓考古新发现

NEW ARCHAEOLOGICAL DISCOVERIES FROM TOMBS OF THE NORTHERN WEI PERIOD IN THE SOUTHERN SUBURBS OF DATONG

M10发掘现场
Excavation-site of Tomb M10

2008年5月，为配合大同富乔垃圾焚烧发电厂工程建设，大同市考古研究所在其施工范围内钻探出58座北魏墓，其中10座位于其2008年施工的范围，具体位置在大同市南郊马辛庄北约1公里处。2008年6~8月，山西省考古研究所与大同市考古研究所联合对施工范围内的10座北魏墓进行了抢救性发掘。

此次发掘的10座北魏墓，其中土洞墓有3座（编号为M3、M4、M10），砖室墓有7座（编号为M1、M2、M5~M9）。

土洞墓的结构由土洞墓室和斜坡墓道组成，有的还有过洞。如M10，由斜坡墓道、过洞和墓室组成，南北向，墓道长20、宽1.18米，墓室长2.85、宽1.75米，墓顶塌毁，最高约1.95米，墓底距地表9.3米。

砖室墓均为南北向，其中M1、M2遭到严重破坏，墓道已经不见，墓室顶部完全被毁，墓室砖壁残留少部分。其他砖室墓，M5、M6的结构相似，由墓室、甬道、墓门组成，M5的墓道长13、宽0.84米。墓室底部距地表4.4米，长、宽

分别为3.7米、3.76米，残高3.15米。顶部为穹隆顶。墓室内的四壁上均有内凹的小龛，小龛上方的砖块上印有忍冬纹。另外，M5墓门外侧有砖削砌的帷帐装饰，新颖别致。M6比M5小，墓道上口长8.8、宽0.96~1.2米。墓室底部距现代地面5.7米，墓室长3、宽3.18、残高2.7米。M1、M2、M5、M6的墓砖均为一面饰绳纹的青砖。

M7~M9位于发掘区的东部，呈并列的南北向布局，均为单室穹隆顶砖室墓，有墓室、甬道、墓门、天井、过洞、墓道。这3座墓的墓砖为素面青砖，形制比前4座墓的墓砖稍小。M7保存较好，长方形斜坡墓道，长19.9、宽1.2米。墓室底部距现代地面约9米，墓室长3.62、宽3.66、高3.45米。结构较特殊，四壁往上1.6米处开始从四壁中央按"V"字形的格局向上砌砖内收成穹隆顶。墓室内的随葬品有：6件釉陶罐、1件釉陶细颈壶、1件陶壶、8件小陶罐、1件铜鐎斗、1件铜提梁卣、2件银镯、9件铜棺环。

M8的墓道为长方形斜坡墓道，长14.9、宽1.2米。墓室底部距地面5.7米，南北长3.5、北端

M6发掘现场
Excavation-site of Tomb M6

M9发掘现场
Excavation-site of Tomb M9

M10出土陶器与棺木
Pottery and Remaining Coffin from Tomb M10

宽2.76、南端宽3.46、高3.38米。墓室底部往上1.2米开始起拱券成穹隆顶。该墓被盗扰严重，出土的随葬品仅有1件灯座。

M9为壁画墓，位于墓群东侧，坐北朝南，方向185°，为长方形斜坡墓道砖构单室墓，由墓道、过洞、天井、墓门、甬道和墓室组成，顶部残存一个盗洞。

墓室平面呈弧边方形，长3.4、宽3、高2.9米，距地表8.6米。四壁从墓室底部往上1.3米处开始起券形成四角攒尖顶。墓室四壁均彩绘壁画，壁画高约1.2米。

墓内残留木棺两具，并列放置于墓室中央，腐朽严重。四周散布随葬器物，有釉陶壶2件、釉陶罐1件、陶罐1件、铜铺首1件、铜棺环3件、铜泡钉3件。

该墓最重要的是甬道题记和墓室壁画。题记位于甬道东侧靠近墓门的甬道壁上，前面左侧上方墨书"和平二年"4个小字，其后正文皆为朱书，为"大代和平二年岁在辛□/三月丁巳朔十五日辛未/□□（散）骑常侍选部□□/安乐子梁拔胡之墓"。

"和平"是北魏文成帝的年号，和平二年即公元461年，这一年按干支记岁法，正是辛丑年。选部后面两字不清，但是参照文成帝和平二年《皇帝南巡碑》中记载的官员职爵，这两字应该是"尚书"。

壁画主要分布于甬道和墓室，甬道东壁绘一只头朝墓门的怪兽，怒目圆睁，两角后倾贴背，大嘴张开，露出一尖锐的獠牙，背部鬃毛似刀剑般向前竖起，似为猛龙。

甬道西壁的壁画脱落、损坏较严重，从残存的头部和身躯分析，隐约可辨为一只头朝墓门、大眼圆睁的猛虎，其后背弓起，身躯稳健。

大面积的壁画集中在墓室，在墓室四壁均有壁画，但保存情况不同。北壁直对墓门，为正壁，壁画保存完好；东、西两壁为侧壁，壁画较清晰；南壁仅在墓门两侧有壁画，保存情况不好，内容难以辨认。

北壁为正壁，绘画面积约为5平方米。正中部分为墓主人宴饮图，瓦顶厅堂之上，墓主人身着鲜卑帽服坐于榻上，身着交领红色袍衫，脸庞方圆较大，五官残损模糊。围榻之后左右各立侍女一名，右侧跪一头戴白色风帽的近侍，左侧也立两位拱手侍立的侍者。墓主人正前方摆一桌，桌上置一椭圆形红色食盒，其右侧一位身着左衽短袍，下着长裙的侍女。供桌左侧和前面摆放着红、白、黑色的细颈鼓腹圈足壶、鼓腹簋、黑色蹄足鼎以及伸出一勺把的大型罐，可能为盛酒器。两侧还有三位侍者。

北壁墓主人宴饮图左侧壁画损坏较为严重，只可见上部为四个面向墓主人的人，左边为胡人面相，深目高鼻。中部又有四人，漫漶不清。壁画下部为一牵马形象，马健硕丰肥，背上驮着白色布袋，牵马者短衣装束。

北壁墓主人宴饮图右侧壁画为杂耍乐舞图。底部一男子身体前倾，承托一向上的"十"字形杆柱。两童子头梳小髻，一手紧抓杆柱，一手伸开，一腿紧蹬杆柱底部，一腿弓起维持平衡，杆柱中部一人两手两脚紧攀杆柱

M9出土题记
Inscription from Tomb M9

向上攀登，其两侧分别为一两手展开，反身跃起的乐伎，右侧乐伎头发下垂似为女性，杆顶部平置一人，双臂张开寻求平衡，表演场面热烈而生动。下面一人正为精彩表演喝彩，一人手执琵琶，西域人打扮，正在演奏。右侧最上部为四位头戴尖帽，着紧身衣，手舞足蹈的舞者。四人下部又立三人。

东壁面积约为5平方米。东壁绘有大型狩猎图，保存较为完整。整个图卷用黑彩和红彩勾勒出三角形连绵起伏的山峦，将画面分成四个部分，每一部分独立成卷却又都表现了野兽惊慌奔走、猎人张弓欲射的内容。猎狗矫健，雄鹰翱翔，虎豹咆哮，惊鹿疾驰，豺狼落魄，狐兔奔命，猎者有的策马张弓，飘带后扬，风驰电掣般追赶猎物，有的徒步射猎。整幅狩猎图气势宏大，正是墓主人生前气魄之所在。

西壁面积约为5平方米。西壁壁画中部用两个向南的红色条带将壁画分为南、北两部分，北侧绘耕牛、舂米等生活画面，南侧以车马毡帐图为主。北侧部分用红色条带将画面分为四个部分，其右上角绘三头并列的耕牛。耕牛图左侧为舂米图，一人头戴小冠，身穿红色交领紧身衣和白色裤子，双手紧握木桩，一脚踏着舂米的木杆，目视前方，专心舂米。舂米图下部左侧红色框内为三匹马或驴。右侧屋檐下，一人头戴小冠，双手交置下垂坐于一高台之上，目视前面灶台，似正在煮饭。

西壁南、北两部分之间用布幛隔离，南侧壁画脱落较严重，但还能看出这是一幅野外饮宿图，其北端上部为一红彩勾勒的盖状物，明显为方形毡帐的顶部。其南端为一撑开的"人"字形篷子下似置一两头上翘的轿车。最南端一人头戴黑色冠，浓眉小眼，红色袍服较宽大，其余画面漫漶不清，隐约可见三个上身着袍、下身着裙的人物，围着一个坐着的人。空隙处填以红彩枝桠。

依据墓葬形制和出土器物判断，上述10座墓均为北魏太和以前的墓葬，特别是在M9中发现了和平二年（461年）下葬题记，为这批墓葬提供了可靠的年代依据。M9出土壁画的内容新颖，它是在大同市发现的第2座较完整的北魏壁画墓，历史与艺术价值均十分重要。

（供稿：张庆捷）

In May 2008, in coordination with the construction of a rubbish-burning thermal power plant at Fuqiao in Datong, the Datong Municipal Institute of Archaeology discovered 58 tombs of the Northern Wei period through drilling in the territory of the plant. Of them ten lie on the construction-site of 2008, about one km north of Maxinzhuang Village in the southern suburbs of Datong City. In June to August 2008, the Shanxi Provincial Institute of Archaeology and the Datong Municipal Institute of Archaeology carried out there a salvage excavation to investigate the ten tombs. These graves fall into two types: earthen-shaft-with-cave (3) and brick-chambered (7), the former having an inclined tomb-passage in general and a tunnel-passage in some cases. The latter-type tombs point to the north and south. Of them M1 and M2 have been seriously damaged, M5 and M6 consist of a chamber, a corridor and a gate, and M7-9, of a chamber, a corridor, a gate, a small yard, a tunnel-passage and an inclined passage. In M9, an inscription was found to be the "Second year of Heping reign" (AD461), the date of the entombment of the dead, which provided reliable evidence for dating this batch of tombs. Tomb M9 is the second rather intact mural grave of Northern Wei period so far discovered and furnished very valuable data to the study into the history and art of wall paintings.

M9墓室壁画
Murals in the Chamber of Tomb M9

M9墓室东壁壁画
Mural on the Eastern Wall of the Chamber in Tomb M9

M9墓室西壁壁画
Mural on the Western Wall of the Chamber in Tomb M9

江苏张家港
黄泗浦遗址发掘

EXCAVATION ON THE HUANGSIPU SITE IN ZHANGJIAGANG, JIANGSU

黄泗浦遗址位于江苏省张家港市杨舍镇庆安村与塘桥镇滩里村交界处，北距长江约14公里，东距张家港市区约3公里。

2008年11月，张家港博物馆在第三次全国文物普查时发现了该遗址。在遗址的西部即张家港骏马农林科技股份有限公司内采集到较多的六朝至宋代的陶瓷片。2008年12月，在庆安村东的黄泗浦边采集到唐代至明清时期的瓷片。由于该遗址紧邻黄泗浦，因此命名为黄泗浦遗址。

2008年12月～2009年1月、2009年8～12月，由南京博物院、张家港市文化广播电视管理局、张家港博物馆联合组成考古队，对黄泗浦遗址进行了两次抢救性考古发掘，并且对遗址进行了全面的考古勘探，初步了解了遗址的地层堆积、文化内涵及遗址的范围。

遗址现地貌以村庄及水稻田为主，区域内有多条小河贯穿东西。经过全面勘探，基本弄清了黄泗浦遗址的范围。遗址北边以新东村、鹅湾里村南侧小河为界；东边越过黄泗浦，以港花桥为界；南边以庆安桥为中心，以桥下小河为界；西边基本以农鹿路为界。整个遗址大体为东西长、南北窄的不规整长方形，东西约1700米，南北约1300米，总面积约2平方公里。

遗址自西向东钻探出三处遗迹密集区：西区位于庆安村西侧骏马农林公司内，长、宽各约300米，总面积90000平方米；中区位于庆安村中部及北侧，长约200、宽约100米，总面积20000平方米；东区位于遗址东部的方桥附近，长200、宽120米，总面积24000平方米。同时通过对东区的重点勘探，发现在方桥的西边有条古河道与现黄泗浦垂直相连，古河道口宽约35米，自东向西逐渐收分，向西约100米后逐渐抬起。另外，通过勘探得知，黄泗浦的两边河岸比现有的河岸要宽许多。在古河道南北两侧150米、东西100米的范围内，钻探出较多的砖瓦类建筑遗物。

南朝水井（J1）
Well J1 of the Southern Dynasties Period

两次抢救性考古发掘共发掘面积约1000平方米。发掘地点分别在遗址的西区和东区。两区的文化层堆积大致相同，均发现有唐代和宋代的地层堆积。西区的地层堆积略薄，一般厚约1米，而且发现有早于唐代的地层堆积和遗迹，如在T8内有南朝层，在T2内有南朝水井和隋代灰沟等；东区的地层堆积普遍较厚，一般厚约1.5米，但是堆积主要集中在唐代和宋代文化层。东区和西区大部分停留在唐代或宋代的遗迹层面，仅个别探方往下清理至生土，以了解地层堆积情况和文化内涵。

在遗址西区共开8条探沟，发掘面积共计357平方米。以T8的地层堆积比较典型，从上往下有表土层、明清层、宋代层、唐代层、南朝层，其中第4、5层为唐代层。发现各时期的遗迹多处，主要清理了南朝的L2和J1、隋代的G8及宋代的砖砌排水沟、墙基、路面等。

L2位于T8内，叠压于第6层下，打破生土

面。从已揭露的部分看，大致为东北—西南方向，宽约4米。从L2的结构看，路面系用残瓦片、碎石、碎砖以及陶瓷片铺砌，路面较为平整。其中陶瓷片多为日常生活用器，以碗、盘居多。从层位和出土的青瓷片分析，该道路的时代为南朝时期。

J1位于T2内，开口于第2层下。为一圆形土坑，坑底呈平面，坑口南北直径3.1米，深0.85米。坑底中心以砖砌一周，仅一层砖，砖下井壁规整，有烧烤痕迹。井底放置一件较大的泥质红陶盆，起过滤作用。井圈直径0.7米，深0.3米。井口东壁开有长条形引水沟，长1.8、宽0.4、深0.85米。井内出土青瓷碗、瓦当、筒瓦以及石佛像背光等。从出土器物分析，该水井的年代不晚于南朝。

G8位于T2内，开口于第2层下，平面呈长条形，截面近"U"字形。沟口宽0.7、深0.25米。沟内堆积中包含较多的陶片以及青瓷器等，相当

G8出土青瓷碗
Celadon Bowls from Trench G8

G8出土青瓷豆
Celadon *Dou* Stemmed Vessel from Trench G8

一部分很完整。出土青瓷碗、钵、豆盘及泥质灰陶缸、铜钱等共计23件。从出土青瓷器的形制和釉色分析，年代为隋代。

在遗址西区发现了较多的房基及排水沟，大多为砖砌。G3为典型砖砌排水沟，建造时先挖基槽，再在槽内铺一层底砖作砖基，而后砌两排平砖形成排水槽，揭露部分长6.6米，砖的形制大体相同，长0.27、宽0.14、厚0.04～0.05米。从沟内出土器物分析，G3的年代为北宋时期。

此外，在遗址西区的一些地层和单位中出土了部分相当精致的器物，如南朝的青瓷灯台、莲花纹盘，唐代的玉璧足碗，宋代的青白釉炉、银钿碗等。

在第二次抢救性考古发掘时，利用全站仪对遗址进行了统一布方。在遗址东区共布4个探方和一条探沟，加后期扩方，发掘面积共计625平方米。东区的文化层堆积主要是唐代和宋代的。发现了唐代和宋代的房址、灰坑、灰沟、水井、道路、墙基等遗迹。

唐代主要遗迹：房址3座，其中以F13、F10保存较好。F13主要位于ⅠT6005及其东扩方内，开口于第4层下，向北、向东延伸出探方外，揭露部分由回廊及两个房间组成，面积在60平方米以上。F10位于ⅠT6006内，开口于第4层下，由东、西两排共11个柱洞组成，平面近长方形。每个柱洞平面为清晰的内外两圈堆积。从平面布局分析，F10可能为F13的附属建筑。

唐代水井有4口，主要分布于ⅠT6307、ⅠT6005以及09T1内。J9和J14为土坑井，口大底小，井口直径约1.1米，井深约9米。J8的中部有

一段砖砌井圈，长1.3米。J8的井口直径1.85米，井深5.15米。在4口水井里出土了大量的青瓷双系罐、四系罐以及一些铜钱、铜镜、陶塑等。

唐代灰沟有6条，其中主要是G13的揭露。在遗址东区进行考古勘探时，发现有条古河道与现黄泗浦相连。此后布方对古河道进行了解剖。发掘证实了古河道的存在，遂编号为G13。G13位于09T1、ⅠT5710和ⅠT5810的中部，开口于第5层下，东西向。沟内共有12层堆积，从堆积内出土的遗物分析，第1～6层为北宋时期堆积，包含大量的板瓦片、砖块、青瓷片等，主要分布于灰沟北侧；第7～12层为唐代堆积，包含大量的青瓷片，主要分布于沟南侧。另外，在ⅠT5810内的G13北岸，还发现有5个生土台阶，台阶渐往下，台面越宽，最下面的台阶宽约0.8米。G13在09T1内沟口宽约20米，最深处2.1米。其与现黄泗浦相连处河道更深，距现地表超过7米。G13从此向西经钻探长100多米。沟内下层堆积中出土了大量唐代青瓷器及少量白瓷。

宋代主要遗迹：房址2座、水井9口、灰坑13个、灰沟2条等。F12直接叠压了G13的上面，分布于ⅠT5709、ⅠT5710、ⅠT5809、ⅠT5810等探方，向东、向西延伸至探方外。从残存的路面、排水槽、路牙砖分析，F12的面积较大，应为院落式建筑。水井多数为土坑井，有的井在井口处有砖砌井圈，有的井在上部均用弧形榫卯砖砌成井圈。在水井内出土了大量的陶器、瓷器、铁器等日常生活用具，有釉陶罐、瓷碗、瓷壶、铁钩、铁刀、石秤砣、象牙梳、骨刷、骨筛子等。

另外，在遗址西区和东区的地层和遗迹中出土了一些与佛教有关的器物，如J1出土的石佛像背光、莲花瓦当，J6出土的文字砖以及地层中出土的刻有莲花座的陶狮像、莲花瓦当等。

"黄泗浦"三字最早出现在日僧真人元开《唐大和上东征传》中，记载鉴真和尚第六次东渡日本行程，"天宝十二载十月二十九日戌时，从（扬州）龙兴寺出至江头……乘船下至苏州黄泗浦（黄泗浦）。十五日壬子，四舟同发，有一雉飞第一舟前，仍下碇留。"这段文字不仅说明黄泗浦在当时即为出海港口，而且提及鉴真等人在此逗留约半月。《吴郡志》卷十九《水利》载："宣和元年（1119年）正月二十一日，役夫兴工，前后修过一江、一港、四浦、五十八溇……黄四浦连小山浦，开修至（太）湖口，长七十里有畸，面阔八丈，底阔四丈八尺，深七尺，通役十二万六千九百余工。"说明黄泗浦为

人工开凿而成。明代嘉靖年间编纂的《重修常熟县志》中的地图显示，"黄泗浦口"正处于入海口，"庆安市"在黄泗浦的西边。在清末的《重修常昭合志》中的地图上明确标注着"庆安"东侧为"黄泗浦"，"黄泗浦"向北注入扬子江（长江）。

根据考古发掘和勘探的成果，并结合文献和古地图分析，黄泗浦遗址所在地即为文献记载中的庆安镇。据《重修常昭合志》记载，庆安镇在东晋时期已发展为市，称石闼市。黄泗浦为一条太湖向北入海的重要水道，石闼市即为黄泗浦入海口西侧的一处港口。南宋以后，因庆祝驻扎当地的韩世忠作战胜利，改"石闼"为"庆韩"，后讹为庆安镇。

庆安镇的繁荣有多方面的因素。唐代中后期，扬州城因战乱及长江改道等原因，国际性港口的作用不断丧失；而庆安镇港口因处于古黄

宋代排水沟
Drains of the Song Period

洛阳汉魏故城北魏宫城二号建筑遗址发掘

EXCAVATION ON BUILDING-FOUNDATION II IN THE NORTHERN WEI PALACE-CITY OF THE RUINED HAN-WEI CITY IN LUOYANG

洛阳汉魏故城北魏宫城二号建筑基址（简称二号宫门遗址），位于河南省洛阳市孟津县平乐镇金村南面，南距宫城南墙正门阊阖门遗址约95米。2008年4~12月和2009年3~5月，中国社会科学院考古研究所和日本独立行政法人国立文化财机构奈良文化财研究所联合考古队，对该遗址进行了较大规模的发掘。发掘面积约2500平方米，初步揭露出该遗址的全貌。发掘表明，二号建筑基址是北魏时期的一座三门道殿堂式门址，除不设双阙外，其规模大小、形制结构都与阊阖门相似。通过对二号建筑基址和周边相关遗迹的勘查，深化了对北魏洛阳宫城建筑布局的了解。这也是继2001~2002年宫城阊阖门遗址发掘之后，北魏宫城遗址的又一次重要发现。

宫城二号建筑遗址现处于农田中，遗址被耕作等农业生产活动破坏严重。遗址区的地层堆积较为简单，在耕土层下即见夯土建筑基址或被扰动的废弃瓦砾堆积。残存的瓦砾堆积薄厚不一，其中夯土基址上基本不见瓦砾堆积，但在夯土基址的四周瓦砾堆积较厚，其上并叠压有晚期的扰乱堆积。

二号建筑基址的主要发掘区东西长60米，南北宽40米，在此区域内发掘清理出了二号宫门遗址的夯土台基和东西两侧相连接的部分附属建筑遗迹。二号宫门遗址的夯土台基为长方形，东西长约44.5米，南北宽约24米，方向约4°。夯土台基被破坏严重，台基上的原来地面已无存，但台基外围的地面保存尚好，现存台基顶面高于台基外侧的地面约0.15米，且台基北侧的地面较南侧的地面高。

夯土台基上残存的遗迹除保存状况略差外，和宫城阊阖门址相似，也分别由东西两个夯土墩台、东西两个夯土隔墙和之间的三个门道组成。门道宽约4米，进深约9米。在夯土台基南、北两侧，也各发现三个慢道遗迹。此外在残存的夯土基址表面，还发现一些与建筑柱网有关的夯土块及扰乱础坑遗迹，从其所处位置和排列间距复原，也为面阔7间、进深4间、有三个门道的殿堂式门址建筑，开间为5~6米，其门址规模与形制结构和宫城阊阖门基本相同。

两个隔墙均为南北向长方形，东西宽7~7.5米，南北长8.4~9.9米，复原推测每个隔墙东西跨1间，南北进深则为2间。墩台亦为南北向的长方形，东西宽7~7.4米，南北进深约20米，复原推测墩台东西跨1间，南北进深为4间。门址墩台南北进深4间，而隔墙南北进深仅2间，且隔墙与墩台的东西向轴线一致。因此在两个隔墙和三个门道的南北两侧，各形成一处面阔5间、进深1间的门庭。前、后门庭东西宽约28米，南北进深5~5.5米。位于两个墩台和两个隔墙之间的三个门道，东西各宽约4米，面阔各为1间；进深与隔墙进深相同，且南北连通前、后门庭。

在门址台基的南、北两侧，各发现有三个慢道遗迹。不仅南、北侧各自的三个慢道南北对应，而且均直对台基上的三个门道。慢道也为夯土筑成，南侧三个慢道保存较好，两侧边壁局部砌筑包砖，并残存抹慢的白灰墙皮。慢道残长4.1～5.1米，中间慢道宽约6.7米，两侧慢道各宽约6.2米。三个慢道之间的间距为5～5.1米，两侧慢道的外缘距夯土台基的外角约7.5米。

在门址台基的南、北两侧边壁，均发现有部分白灰墙皮直接塓抹于台基夯土壁上，局部白灰墙皮有两层，可能属于不同时期修补而成。在台基的北侧边壁，还发现有东西向砖墙一道，所用皆为残砖，砌筑也不甚规整，而且局部垒砌在正对慢道位置处，可能属于晚期改建所致。

门址的东、西两侧，均发现有附属建筑遗迹，但仅存地下夯土基础。其夯土基础与门址台基上的东、西两侧墩台相连接。该夯土基础南北进深约16米，较之门址夯土台基南、北两侧分别内收5.2米和3米，东、西两端则延伸

出发掘区。因附属建筑的残存遗迹已为地下基础，且扰乱严重，因此形制结构不明确。

对二号建筑基址的解剖表明，其夯土台基是由若干块相互叠压、打破的不同时期夯土构筑而成，三门道殿堂式的门址是北魏时期对早期的建筑基址修补改建而形成，同时该门址也存在后代修补沿用和扰乱的现象。总体来看，二号建筑基址的遗迹可分为三个时期：早于北魏时期的夯土建筑基址，规模与北魏时期基本一致，但建筑形制与结构已不清楚；北魏时期沿用了前代的夯土台基规模，并形成了殿堂式门址结构；北周时期大致沿用了北魏时期的门址规模和建筑形制，并在局部有改建。依据解剖的台基夯土中出土的遗物并结合之前阊阖门的发掘资料分析，早于北魏时期的建筑遗迹的时代约不晚于魏晋时期。

在对二号建筑基址周边的勘查试掘中，还发现有与门址相关的道路和沟渠遗迹。发现的道路有3条，其中东西向道路有2条，分别位于门址南侧17米和北侧39米处；南北向道路有1条，正对门址南、北两侧的中间慢道。发现的沟渠有2条，其走向与门址南、北两侧的东西向

北魏洛阳宫城遗址南部全景（南—北）
A Full View of the Southern Palace-city Site in Northern Wei Luoyang (photo from south to north)

北魏洛阳宫城二号建筑遗址全景（北—南）
A Full View of Building-foundation II in the Palace-city of Northern Wei Luoyang (photo from north to west)

北魏洛阳宫城二号建筑遗址台基南侧中间慢道（南—北）
Gently Inclined Road in the Middle of the Southern Side of the Platform of Building-foundation II in the Palace-city of Northern Wei Luoyang (photo from south to north)

北魏洛阳宫城二号建筑遗址俯视
A Vertical View of Building-foundation II in the Palace-city of Northern Wei Luoyang

北魏洛阳宫城二号建筑遗址北面的东西向道路车辙（西—东）
Ruts on the West-to-east Road to the North Building-foundation II in the Palace-city of Northern Wei Luoyang (photo from west to east)

北魏洛阳宫城二号建筑遗址台基北侧（西—东）
Northern Side of the Platform of Building-foundation II in the Palace-city of Northern Wei Luoyang (photo from west to east)

北魏洛阳宫城二号建筑遗址出土北魏兽面纹瓦当
Northern Wei Tile-end with Animal-mask Design Unearthed from Building-foundation II in the Palace-city of Northern Wei Luoyang

北魏洛阳宫城二号建筑遗址出土北魏莲花纹瓦当
Northern Wei Tile-ends with Lotus-flower Design Unearthed from Building-foundation II in the Palace-city of Northern Wei Luoyang

北魏洛阳宫城二号建筑遗址出土北魏磨光面筒瓦
Polished-surfaced cylindrical Tiles Unearthed from Building-foundation II in the Palace-city of Northern Wei Luoyang

道路基本平行。在门址北侧东西向道路上，还发现有较为清晰的车辙痕迹。值得注意的是，正对门址南北两侧中间慢道的南北向道路，宽约8米，两侧均有包砖。在阊阖门址的发掘中，也曾在相应位置处发现有宽度和结构都与此包砖道路相同的道路遗迹。据此结合勘探资料推测，该道路可能向南与阊阖门北侧发现的道路相连接，应是宫城内连通阊阖门、二号宫门以及北侧主要建筑的主干道路。

此次发掘出土的遗物，主要为大量的建筑材料和少量陶器、铁器、铜器和铜钱等。建筑材料以砖、瓦和瓦当为主，多残破严重，表明这类堆积可能经过多次扰动。出土的瓦当以莲花纹瓦当为主，有少量兽面纹瓦当和云纹瓦当。铁器中以"铁莲蕾"为主，出土20余件，均锈蚀严重。出土的铜钱有北魏时期的"太和五铢"和"永安五铢"，也有北周时期的"常平五铢"、"五行大布"和"布泉"等。

北魏宫城二号建筑基址的发掘具有重要的意义。首先，通过发掘明确了二号建筑基址的保存状况、性质、时代、建筑规模和形制结构；其次，通过对宫城阊阖门遗址、二号建筑基址以及周边区域的勘察，对北魏洛阳宫城南部主要轴线上的宫门设置和路网布局有了较为清晰的认识；第三，发掘出土的大量遗物，进一步丰富了我们对汉魏洛阳城出土遗物组合和编年的认识。

（供稿：钱国祥　肖淮雁　刘涛　郭晓涛）

In April to December 2008 and March to May 2009, the Institute of Archaeology, CASS and the Japan Nara Cultural Properties Research Institute carried out joint excavation on the Building-foundation II in the Northern Wei Palace-city of the ruined Han-Wei City in Luoyang. They opened an area of about 2,500 sq m and investigated preliminarily the whole site. The site is located in the south of the ruined palace-city of Northern Wei Luoyang, 95 m south of the main gate Changheman of the palace-city. The remaining rammed-earth platform measures about 44.5 m from the west to the east, about 24 m from the north to the south, and 4° MN in azimuth. The excavation clarified the condition, nature, date, building scale, form and structure of Building-foundation II, and the prospecting of the ruined Changhemen Gate of the Palace-city, Building-foundation II and vestiges in the vicinity brought about rather distinct understanding of the arrangement of palace-gates along the main axis in the south of the palace-city, as well as the layout of road-net in this area. The unearthed abundant objects enriched further our knowledge of the combination and chronological sequences of daily-use articles in Han-Wei Luoyang City.

陕西咸阳渭城底张墓葬
及陶窑2009年发掘

2009 EXCAVATION OF TOMBS AND POTTERY-MAKING KILN-SITES AT DIZHANG OF WEICHENG IN XIANYANG, SHAANXI

西安咸阳国际机场二期扩建工程征地区域位于陕西省咸阳市渭城区北杜镇、底张镇和周陵镇，分布在西安咸阳国际机场的南侧、西侧和东侧，占地面积约8000亩。陕西省考古研究院与陕西省文物勘探有限责任公司于2008年6月开始对西安咸阳国际机场二期扩建工程征地区域进行考古勘探，至2009年4月发现墓葬443座、灰坑179个、陶窑32座及其他遗迹18处。

2008年11月～2009年11月，陕西省考古研究院发掘墓葬259座、陶窑19座、灰坑46个，出土遗物3082件。在已发掘的259座墓葬中，汉墓80座、西晋墓8座、十六国时期墓16座、北魏墓8座、北周墓29座、隋墓2座、唐墓55座、宋元明清时期墓21座、时代不明的墓40座。现择要简述如下。

十六国时期的墓均为斜坡墓道土洞墓。墓道多有二层台或三层台，且台阶从墓道口向墓室方向逐渐向下延伸。墓室的形制有单室、单室带侧室、前后室、前后室带左右侧室等。出土器物以陶器为主，另有瓷器、漆器、铁器等。陶器中较有代表性的器物有带甲武士俑、男立俑、女侍俑、鞍马、灶等。

M13为中型墓葬的代表。该墓系斜坡墓道单室带侧室土洞墓。水平总长25.55米，墓底距地表9.1米。由墓道、甬道、主室、南侧室等组成。墓室平面略呈方形，东西长2.75米，南北宽3米。南侧室长1.65米，宽0.9米。出土器物主要有陶牛车、陶灯、陶鞍马、陶女侍俑、陶鸡、陶狗、陶灶、陶罐等。

在机场原农场南部发掘了3座十六国时期的大型墓葬，编号为M52～M54。3座墓葬呈"品"字形分布，墓葬全长均超过37米，深9～12米。从已发掘的情况看，3座墓葬的形制与结构有时代早晚的差异。从墓葬的规模及出土的随葬品看，应为十六国时期的贵族墓地。

值得一提的是，M54出土了一件彩绘九盏莲花灯，灯由灯座及九个灯盏组成，造型精美。在圆筒形灯架柄上贴塑2层8尊佛造像，8尊佛造像

M13墓室
Burial Chamber in Tomb M13

的形制相同。佛像头梳双重螺髻，面相浑圆，两颊圆润，闭目凝神。身穿褒衣博带，项佩璎珞，两臂下垂曲肘，双手参合置腹前，掌心向上，作禅定式，结跏趺坐于双层覆莲台上。佛教自公元前后传入中国内地，至十六国时期已有三四百年的历史，这个时期，佛教寺院在长安城内已比比皆是，特别是北魏时期，佛教石刻造像在陕西境内到处可见。但作为佛教造像出现于墓葬的随葬品中，这是首次发现。这为研究佛教在十六国时期的发展、传播，特别是在贵族内部的传播，佛教在丧葬制度上的作用，提供了重要的实物资料。

M301为隋代墓葬。该墓系带围沟斜坡墓道五天井带围沟双室土洞墓，由围沟、墓道、天井、甬道、前室、后室等组成，水平总长48.5米，墓室深9.5米。

围沟的平面略呈"凸"字形，南沟边长76.5米，在南沟的中部凸出一块，似乎象征门的位置。东沟、西沟边长83米，北沟边长76.5米。围沟开口宽1.3～1.4、底宽0.8～1米，开口距底

M301墓室
Burial Chamber in Tomb M301

M54出土女立俑
Tomb-figurine of Standing Maid from Tomb M54

M29出土女侍俑
Tomb-figurine of maid from Tomb M29

M301出土风帽俑
Tomb-figurine of Servant in Hood from Tomb M301

M29出土男立俑
Tomb-figurine of Standing Servant from Tomb M29

M301出土文官俑
Tomb-figurine of civil Official from Tomb M301

M301出土小冠俑
Tomb-figurine of Servant in Skull Cap from Tomb M301

M301出土笼冠俑
Tomb-figurine of Servant in Cap with Long Check-covers from Tomb M301

M301出土风帽俑
Tomb-figurine of Servant in Hood from Tomb M301

1.4米，沟底距现存地表1.8~1.9米。

墓道南北水平长19米，坡底长18.5米，南端开口宽1.5、北端宽1.4米。五个天井长2.9~3.15、宽1.23~1.3米。甬道外有两道封门，一道为石门，另一道为木封门。石门的年代为隋代，木门的年代为北周时期。甬道南北长1.5、东西宽1.4、高2.3米。

前室为穹隆顶，南北进深2.3、东西宽2.33、残高1.65米。后室为拱顶，南北水平进深2.3、南宽1.2、北壁宽1.1米。

出土遗物主要集中在甬道内，墓志放置于木门的位置，其他器物在甬道后部。出土随葬器物91件（组）。由墓志可知，墓主为北周上大将军鹿基诞夫妇。鹿基诞在北周灭北齐的并州之战中

M49出土青瓷渣斗
Celadon Refuse Vessel
from Tomb M49

M54出土陶灯
Pottery Lamp from
Tomb M54

M49出土陶灯
Pottery Lamp from
Tomb M49

M49出土武士俑
Tomb-figurine of
Warrior from Tomb M49

M301出土甲骑具装俑
Tomb-figurine of Armored Cavalryman
on Barded Horse from Tomb M301

M49出土陶鞍马
Pottery Saddled-horse
from Tomb M49

阵亡，死时年仅35岁。北周武帝念其功绩，追赠上大将军，谥曰壮公。鹿基诞妻刘氏在隋开皇二年拜河内国大夫人，开皇十三年卒，十五年合葬于此。

由墓葬结构看，该墓建造于北周时期，鹿基诞应葬于北周时期。北周时使用木封门。鹿基诞妻刘氏于隋开皇十五年与其合葬，置石门墓志。

该墓的发掘为研究北周、隋代诸多器类的发展演进提供了标准器，为研究北周葬制提供了实物资料。

M92为五天井斜坡砖室墓，全长43米，深10米。墓前有石质碑座，墓周围有围沟，其中南围沟长73.9米，东围沟长77.3米，西围沟长77.2米，北围沟西段长33.9、东段长26.7米。中间留有通道。东围沟向北延伸44.5米，西围沟向北延伸16米。

在围沟内发现高达60厘米的陶质十二生肖俑，按子午方向排列，目前发现11件。鼠俑因后期扰动已不存在。由墓室内发现的文官俑残件及壁龛内出土的陶俑分析，M92的时代应在唐代天宝前后。

以前主要在墓室中发现十二生肖俑，地面出土的十二生肖俑曾在昭陵发现石质生肖单体。此次发现说明唐代的埋葬制度应有地下和地面两个系统。十二生肖俑应与方位、计时及信仰有密切的关系。

已发掘的19座陶窑有单体窑和组窑两类，最多的一组陶窑有5座。从发掘情况看，有些陶窑以烧制砖、瓦为主，有些陶窑以烧制陶器为主。

Y1～Y5为一组陶窑，可能是一个陶窑作坊，平面分布略呈东西向的"凸"字形，东西长约18、南北宽约16米，最大深度从操作间地面距现地表约3.5米，相邻2座陶窑的间距约1.5米。5座陶窑共用一个操作间，可以循环烧制，火膛口均向内（操作间）。5座陶窑的平面略呈卵圆形、椭圆形或半圆形，窑室为土圹竖穴式，壁面平整光滑，经长期烧烤壁面多有纵向裂痕。土坯封顶均已不存，只在窑室填土中发现大量烧结的土坯块。从发掘情况看，各窑的结构与宋金时期北方地区的馒头形窑相似，由操作间、火膛口、火膛、窑室、窑床、烟道等组成。各窑的水平总长为4.2～5米，火膛地面距现地表2～3.3米。从陶窑出土的遗物看，此组陶窑的时代为宋金时期。

（供稿：刘呆运　徐雍初　苏庆元）

M92俯视
A Vertical View of Tomb M92

M92生肖蛇出土现场
Pottery Serpent Symbolic of a Year of Birth
Unearthed from Tomb M92

Y1～Y5全景
A Full View of Kilns Yi—Y5

M92出土生肖虎
Pottery Tiger Symbolic of
a Year of Birth Unearthed
from Tomb M92

M92出土生肖龙
Pottery Dragon Symbolic of
a Year of Birth Unearthed
from Tomb M92

M92出土生肖羊
Pottery Sheep Symbolic of
a Year of Birth Unearthed
from Tomb M92

For expanding the Xi'an Xianyang International Airport, an area of about 8,000 mu at Beidu, Dizhang and Zhouling towns of Weicheng District in Xianyang City, Shaanxi Province has been requisitioned. From June 2008 the Shaanxi Provincial Academy of Archaeology and the Shaanxi Provincial Limited Liability Company of Prospecting Cultural Relics began to carry out there archaeological survey. Up to April 2009, they had discovered 443 tombs, 179 ash-pits, 32 pottery-making kilns and 18 spots of other vestiges. From November 2008 to November 2009, the Shaanxi Provincial Academy of Archaeology excavated 259 tombs, 19 pottery-making kilns and 46 ash-pits, and brought to light 3,082 objects. Of the excavated 259 tombs, 80 belong to the Han period, eight to the Western Jin, 16 to the Sixteen Kingdoms period, eight to the Northern Wei, 29 to the Northern Zhou, two to the Sui, 55 to the Tang, 21 to the Song-Yuan-Ming-Qing period and 40 are unknown in date. The Lu Jidan couple joint burial of the Sui period is an earthen-caved double-chambered grave with an enclosing trench. It is the first time archaeologists have discovered the trench-enclosing type of tomb in the Shaanxi region.

陕西富县
北朝至宋代佛教造像

BUDDHIST IMAGES OF THE NORTHERN DYNASTIES PERIOD TO THE SONG DYNASTY IN FUXIAN COUNTY, SHAANXI

2009年7月，在陕西富县境内的青（岛）兰（州）高速公路施工的过程中，发现了一批北朝至宋代的佛教石刻造像，出土地点为一寺院遗址。该处寺院，历代志书均无记载，亦未见相关的文字或碑刻史料，据当地传说，寺院名为"广仁寺"或"广年寺"。现依照考古发现以地名命名的原则，将该遗址称为广家寨寺院遗址。

广家寨寺院遗址位于陕西省富县张村驿镇广家寨村西北部的一处高地上。据记载，张村驿原名"张村"，因位于鄜州通往甘肃的古道旁，清顺治九年（1652年）在此设驿站，遂名"张村驿"，沿用至今。广家寨村位于张村驿镇北3.5公里的葫芦河川西边小沟内，村北是平缓的坡地，村南是高耸兀立的山崩和茂密的梢林。明末，农民为避乱，于村西北突起的高地上筑寨一座，故名广家寨。现在寨子的周围还残存部分夯土城墙，最高处达11米。

在青兰高速公路施工之前，已由陕西省文物勘探有限责任公司对该线路进行了前期勘探，然而遗憾的是，最终的勘探报告上并未提及该处遗址，致使遗址遭到大面积严重毁坏，整个寺院遗址仅剩两道墙基，条石、砖瓦、石刻造像在地面上随处可见。当地文物部门迅速上报此情况，遂由陕西省考古研究院组织考古队，在富县文物局的全力配合下，对该遗址进行了抢救性发掘。

现遗址残存部分东西长约23米，南北宽约10米，主要遗迹为两道南北向的石砌墙基和一道南北向的走廊（过道），其余部分已不复存在。通过对当地老人的采访得知，原寺院坐西朝东，西边是三间大正殿，南、北、西三面有墙，东面敞开，有两根粗大的明柱，在外面可以看到里面的石像，石像均有妆彩。北厢房东西一排5间，在其东面又有一间房子，里面正中有一尊较大的雕像，周围是许多小雕像，墙上有壁画。门前有一个方形石柱，上面有一石猴，有孔。南厢房东西一排3间，里面有许多小石雕像。寺内石刻的破坏是在1968年前后，寺院的最后拆除约在1970年前后。目前发掘出的遗迹就是北厢房的基址部分。

在这次发掘中，共发现石刻残块300多件，包括大型石刻佛教造像、小雕像和造像碑，还有一些筒瓦、板瓦、瓦当、琉璃构件、鸱吻等建筑材料，以及一批清代、民国时期的钱币。除一件小型造像为石灰岩（青石）外，其余均为砂岩，故保存状况较差。在发现的造像以及造像碑上，发现了一些明确的纪年文字，目前见到的有"大魏大统十五年（549年）"、"天和六年（571年）"、"建德□年（572～578年）"、"开皇三年（583年）"等。大型造像残高约1.45米，加上已经残缺的头部和底座，原高当约2米，最小的雕像高约20厘米。

从纪年铭文看，有西魏、北周、隋代的造像碑及造像，同时从其他造像的风格分析，还有北魏、宋代的造像碑及造像。

如北魏时期的一件造像，上部为一结跏趺坐的佛像，佛像上部残，下面为一方形台座，残存三面，正面有浅浮雕图案，其余两侧有发愿文。佛像残高4.9厘米，台座高5厘米，宽10厘米，残厚8.5厘米。从残存的图案分析，画面中间为一只

寺院建筑遗址
Temple-site

香炉，两边为相向站立的两头狮子，最左侧有一侧身站立的人像，左手插在腰间，右手向前托举一只香炉，身穿裌衽袍服，头戴风帽，有典型的鲜卑族的特征。

　　此次发现的最大的四面造像碑为一通家族造像，通高175厘米，宽49厘米，厚19厘米。碑阳上部为两龛造像，上龛为两尊雕像，均为坐姿，双手执物置于胸前，下龛为五尊雕像，为一佛二菩萨二弟子，中间坐佛右手结无畏印，左手结与愿印，两边的菩萨和弟子分站于莲台之上，所有雕像均显得比较瘦长。造像碑下部为铭文，全

北周天和四年造像碑
Image Stele of the Fourth Year of Tianhe Reign, Northern Zhou Dynasty

北周天和四年造像碑局部
Part of the Image Stele of Fourth Year of Tianhe Reign, Northern Zhou Dynasty

篇101字，其中有"天和四年（569年）岁次己丑二月新（辛）酉十日"，说明了造像的目的、造像人的名字等。在铭文的左右及下方有线刻人物20个，人物旁边有名字，名字前有"清信女"、"息女"、"邑子"等字样，其中特别的是铭文左上的一个人物，其旁边的铭文为"宁远将军奉车都尉冀太正供养佛"。在碑侧的上部各有两个小龛，小龛内均有一尊小坐佛。碑阴上中部有近方形小龛两个，内均为一佛二弟子组合造像，佛为坐姿，两边弟子双手合十站立，下部为线刻人物12个，除4人，其余人物旁边均有名字。

大型造像共发现4件，从造像特征及风格看，其雕凿年代应为隋代。其中两尊坐像、两尊立像、三件雕像上还有红、绿彩绘，用不同颜色区分出了衣服的层次关系。如一件坐像，佛像结跏趺坐于方形台座上，左手放于左膝上，右手残，残断处和颈部均有一孔，推测雕像曾经遭到损坏，后经雕凿修复。佛像身穿三层衣服，最里为袒右贴身内衣，胸前系一带，中层穿红色宽袖僧袍，下摆宽大，遮盖住台座前部，最外右肩斜披一件绿色覆肩衣。佛像残高61.5厘米，台座长65.5、宽32.5、高15厘米，最下部为将佛像整体安放于像座内的榫卯部分，高25.5厘米。这些保存下来的彩绘，对于我们研究佛装具有重要的作用。

另一件有纪年铭文的隋代造像，是这次发现的唯一一件石灰岩质造像，残高15.2厘米，其中方形台座高3.8厘米，边长宽约14厘米。造像上部已残，但仍可看出是一尊坐像，结跏趺坐于仰覆莲座之上，穿宽大的长裙，腹前有璎珞垂下，左手执物，身体右侧垂下一帛带。台座四面刻有发愿文，时间为"开皇三年"。

发现的宋代石刻较多的是罗汉像，其中引人注目的是一件浮雕罗汉残块，残高约36厘米，残宽约25厘米，最厚约12厘米。现残存两尊罗汉，穿宽大的僧袍，相对而坐。两人头部上方有一扭身回头张望的龙，动态十足。

根据学者的研究，从甘肃庆阳到山西大同一线是佛教传播的重要通道。黄陵的香坊石窟，富县的石泓寺，安塞的云岩寺、大佛寺及黄龙的普隆寺等石窟，都是北魏至西魏时期所开凿。此次发掘的广家寨寺院遗址以及黄龙县隋唐时期的普隆寺遗址，均位于这条重要的通道上，同时出土的大量文物，特别是造像和造像碑的数量巨大，风格多样，延续时间长，是目前已知在陕西地区考古发掘出土造像最多的一次，对于研究陕北地区的佛教传播、宗教信仰等具有重要的意义，也为陕西地区的佛教考古和美术考古研究提供了新资料。

（供稿：田有前　张建林）

隋开皇三年雕像
Sculptured Image of the Third Year of Kaihuang Reign, Sui Dynasty

隋开皇三年雕像铭文拓片
Rubbings of the Inscriptions on a Sculptured Image of the Third Year of Kaihuang Reign, Sui Dynasty

隋代坐佛像
Seated Buddha of the Sui Period

隋代坐佛像
Seated Buddha of the Sui Period

北周天和六年雕像
Sculptured Image of the Sixth Year of Tianhe Reign, Northern Zhou Dynasty

隋代小雕像
Statuette of the Sui Period

宋代小雕像
Statuette of the Song Period

隋代菩萨头像
Head of Bodhisattva of the Sui Period

宋代罗汉头像
Head of an Arhan of the Song Period

In July 2009, a batch of stone carved Buddhist images of the Northern Dynasties period to the Song Dynasty was unearthed from the temple-site at Zhangcunyi Town in Fuxian County, Shaanxi Province, on a tableland to the northwest of Guangjiazhai Village. In July to August 2009, the Shaanxi Provincial Academy of Archaeology carried out there a salvage excavation. The remaining part of the site measures about 23 m in length from the west to the east and about 10 m in width from the north to the south. The main vestiges are two stone wall-foundations and a corridor (passage), both extending from north to south. The unearthed objects include above 300 fragments of broken stone-carvings, such as large-sized Buddhist images, statuettes and image steles, and some cylindrical

and flat tiles and tile-ends occur in a small number. Some images and steles bear definite dating inscriptions, reading "Fifteenth year of Datong reign, Great Wei Dynasty," "Sixth year of Tianhe reign," "□ year of Jiande reign," "Third year of Kaihuang reign," etc. Judged by the inscriptions, there remain Western Wei, Northern Zhou and Sui periods image steles and images, and the other images suggest the existence of Northern Wei and Song works according to their style. The unearthed images constitute the largest batch in this type of find recorded so far in archaeological excavations across the Shaanxi region. They have important value to the study of the spread of Buddhism and other religions in northern Shaanxi, and provided new data for Buddhism and art archaeology.

十六国至北朝时期长安城宫城 2号建筑（宫门）遗址发掘

EXCAVATION OF BUILDING-SITE II (PALACE-GATE) IN THE PALACE-CITY OF CHANG'AN CITY OF THE SIXTEEN KINGDOMS TO NORTHERN DYNASTIES PERIOD

2003年，中国社会科学院考古研究所汉长安城工作队在汉长安城东北部钻探发现了两个小城遗址，初步考证它们是十六国至北朝时期长安城的东、西宫城遗址。在东、西宫城之间的隔墙上还钻探发现了一座宫门遗址，编为2号建筑遗址。

2号建筑遗址位于陕西省西安市未央区汉城街道办事处惠东、惠西二村之南。据当地村民介绍，这一带的宫墙遗址以前保存得相当高，后来因逐渐取土而形成现在的地貌。

在2号建筑遗址的北侧有一条农业灌溉水渠自西向东穿过，在遗址的东边堆满了建筑垃圾，不仅毁坏了农田，以后还要在此修建工厂。这些都对2号建筑遗址的安全构成了严重威胁。

鉴于上述情况，加之考虑到古代门址通常能够反映因时代变迁而造成形制、规模上的变化，为了在钻探的基础上进一步了解宫城的始建年代和沿用情况，2008年11~12月由中国社会科学院考古研究所汉长安城工作队对该遗址进行了全面发掘，揭露面积333平方米。

发掘区内的地层堆积情况比较复杂，总体情况是耕土层和扰土层下为最晚一期文化层，其下叠压最晚期的门道路面及路基，再下为门道南北墙垛外的原始护坡地面和第二层门道路面。经局部解剖，自第二层门道路面往下还有两层路面，再下为汉代文化层，然后是生土。

发掘揭露出的遗迹主要有宫门南北两侧的墙垛和一个门道。

宫门南墙垛东端被破坏殆尽，其余大部分仍保存了一定高度，最高处自门道地面高113厘米。夯筑而成，夯层厚约10厘米。

墙垛西端尚存高20~25厘米，西端的北部残存了一段包砖，护坡地面上存有4层，地面下埋入2层。据遗迹现象可复原墙垛西壁包砖南北共有四顺一丁，长152厘米，与北墙垛西壁早期的包砖情况相同。墙垛以西护坡地面的坡度约为8°。

墙垛东端包砖槽尚存，宽32厘米，最深处约10厘米，在其西沿残存几个碎砖块，在其东北拐角处也残留1个碎砖块，据此可知包砖东、西、北沿的准确位置。墙垛以东的护坡地面已不存。

墙垛北侧原有壁柱槽和础石，均已不存。础石被掘后留有土坑，东西一线共有12个，据此可知原有12个壁柱槽、础石，与北墙垛壁柱槽、础石的数量相同并且南北对应。南墙垛北壁的包砖情况，从西数第1、2础石坑之间保存的砖槽宽34厘米推测应为两顺砖，与北墙垛南壁包砖的宽度相同。

宫门北墙垛比南墙垛保存得好，残存最高处自门道地面高约148厘米。夯筑而成，夯层厚9~10厘米。

墙垛西端包砖保存较好，分为南、北两部

分，为两次砌成。南边部分包砖较早，分内、外两排，厚约33厘米。外排包砖现存最高10层，最下2层半或3层埋于护坡地面之下。包砖自下而上逐层内收，每层收进约1.2厘米，整体上形成坡度约78°的收分坡面。砌砖之间用细泥粘接，砖缝宽约0.2厘米。内排包砖最高存13层。北边部分包砖为后补，只有1排，现存8层，系从护坡地面上起包。

墙垛以西护坡地面接近包砖处稍显平整，坡度约为5°，向西坡度增大，约为8.5°。

墙垛东端虽然包砖不存，但包砖槽保存很好，南北发掘长181、东西宽34、深17厘米。推测在其东侧护坡地面之下埋入2层半砖。从槽宽看，应为两排顺砖，与北墙垛西端的包砖情况基本一致。包砖槽之东护坡地面尚存，坡度约为5°。

墙垛南侧自西南角开始向东共保存了4个半砖砌壁柱槽。以西数第1、第2个为例说明如下。西数第1个壁柱槽现存高136、宽33、进深12（东）～21（西）厘米。门道地面上存有19层砖，地面下还有1层。柱槽并非垂直，而是自下

而上向东倾斜，与墙垛西端包砖收分坡面近似，约为81°，说明当时的立柱也是倾斜的。柱槽下有础石，青石质，形状方正，表面磨光。础石东西50.5、南北41.5厘米，东、西、北三面均伸入柱槽砌砖之下。础石厚约10厘米。础石中央有一卯眼，系凿刻而成，口大底小，周壁残留凿痕，口径8、深4.2厘米，底部不太平整。在础石表面残留立柱的痕迹，结合壁柱槽的形状，复原柱子的断面呈"L"形。柱槽以西墙垛的南壁较其他地方向南凸出约9.5厘米。

西数第2个壁柱槽现存高127、宽27、进深9～10厘米。包砖外层共存17层，内层为18层，门道地面下还有1层。柱槽自下而上向东倾斜，约为83.5°，说明立柱同样是倾斜的。柱槽下也有青石质础石，东西41、南北32.5厘米，东、西、北三面均伸入柱槽砌砖之下。础石厚约9厘米。础石中央有一卯眼，口大底小，口径9、深4厘米。从础石面上残留的朱红色印痕并结合柱槽形状推测，柱子的断面呈"凸"字形。础石周围地面与础石面平或比础石面略高。

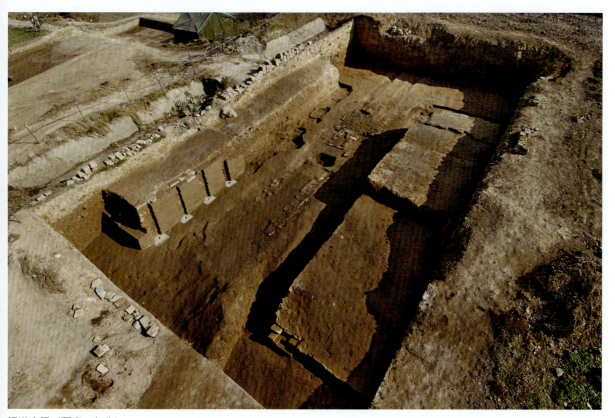

门道全景（西南—东北）
A Full View of the Passageway (photo from southwest to northeast)

门道全景（西北—东南）
A Full View of the Passageway
(photo from northwest to southeast)

门道北壁砌砖（西南—东北）
Brick Covering of the Northern Wall of
the Passageway (photo from southwest
to northeast)

西数第3、第4个壁柱槽也是自下而上向东倾斜，壁柱槽下也都有青石质础石。测得两础石卯眼中心间距1.1米，柱间距约0.72米。

西数第5个壁柱槽只存西壁，北壁和东壁已毁。础石不存，有础石坑。

另外还应有7个壁柱槽和础石，均已不存，但都有大小不一的础石坑。

测得门道东口南北两包砖槽之间宽4.4米，西口北侧包砖与南侧复原包砖之间宽4.4米，门道中间宽4.6米。

门道北壁复原长13.2米，南壁复原长13.3米，略有出入。

门道为东西方向，约为87°。

据上述测量数据，门道东西进深13.2～13.3米，东口和西口南北宽4.4米，中间宽4.6米。

经在门道以东解剖，共清理出4层路面，在下面3层路面上均发现车辙遗迹，车辙间距1.25～1.3米。

关于门扉的安置位置，据在门道中部、与南北墙垛西数第7个柱础坑相对应的位置清理出的一个土坑推测，这里可能是埋置门限石的地方，后来门限石被挖出，留下了一个土坑。

发掘出土了大量的建筑材料，其中多数为北朝时期的砖、板瓦、筒瓦和瓦当等，也有十六国时期的戳印绳纹砖等遗物。由此结合存在4层路面的情况，初步推断宫门在北朝（西魏、北周）至隋代被长期使用，其始建年代或可上溯到十六国时期。

十六国时期的前赵、前秦、后秦和北朝时期的西魏、北周以及隋初均建都长安，前后长达百余年，在中国古代都城史上占有重要地位。这次发掘完整地揭示出该时期长安城宫城宫门的规模和建筑形式，为研究十六国至北朝时期的建筑技术提供了珍贵的实物资料，也有助于研究这一时期长安城宫城的形制布局和沿革。

十六国、北朝时期长安城的考古调查、发掘是近年才开始有计划开展的一项工作，考古资料的积累还有待于时日，对这一时期长安城的认识还处于初步阶段，需要解决的问题还有很多。我们期待着更多的考古新发现，以推进相关考古学研究的深入。

（供稿：刘振东）

In November to December 2008, the Han Chang'an City Archaeological Team, Institute of Archaeology, CASS excavated Building-site II (Palace-gate) in the Palace-city of Chang'an City of the Sixteen Kingdoms to Northern Dynasties period, revealing an area of 333 sq m. The results indicate that in the palace-gate there was only one passageway. It extends for 13.2—13.3 m from the west to the east at an azimuth of about 87° and measures 4.4 m in width from the north to the south for both the eastern and western ends and 4.6 m for the middle. Originally the northern and southern walls were covered with bricks and furnished each with 12 pilaster grooves, under which are livid stone plinths with a mortise in the center. Selective excavation in the east of the passage revealed four layers of pavements with traces of ruts on lower three of them. A great amount of building material was discovered to be largely of the Northern Dynasties period. It can be inferred that the passageway functioned for a long time, from the Northern Dynasties (Western Wei and Northern Zhou) to early Sui period and its first building might be traced up to the Sixteen Kingdoms period. The excavation clarified the scale and form of the whole palace-gate and provided valuable material data for researching into building techniques in the Sixteen Kingdoms to Northern Dynasties period.

门道北壁砌砖俯视
A Vertical View of the Brick Covering of the Northern Wall of the Passageway

门道内铺地砖（北—南）
Brick Pavement in the Passageway (photo from north to south)

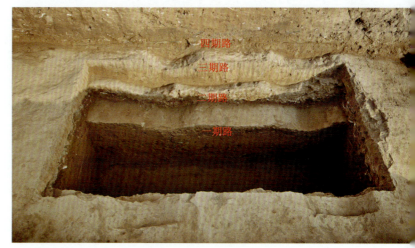

门道内道路叠压情况
Superimposition of the Pavements in the Passageway

西安长安 凤栖原墓葬发掘

EXCAVATION OF TOMBS ON FENGQIYUAN TABLELAND IN CHANG'AN, XI'AN

2008~2009年，为配合西安市国家民用航天产业基地的建设工程，西安市文物保护考古所在西安市长安区韦曲街道办事处东部的台原地（古称凤栖原）发掘了一批墓葬。此次发掘共清理墓葬50座，有汉墓、十六国墓、北朝墓、隋墓、唐墓、宋墓、金墓、元墓、明墓等，墓葬分布较密集，排列有序。出土器物791件，有陶器、陶俑、三彩器、瓷器、铜器、铁器等。

十六国时期墓葬有3座，方向皆坐北朝南。其中较典型的一座由墓道、过洞、天井、甬道和墓室组成。墓道为长斜坡状，东、西、北三壁均有三层土台，天井一个，上带二层土台，墓室为单室土洞。出土有男女立俑、伎乐女俑、老妪俑、陶鞍马、陶狗、陶鸡、陶猪、陶灯、铜镶斗、铁剑等。其中6件伎乐女俑皆为坐姿，上着红色中袖交领衣，下着襦裙，头梳十字髻，两面颊各戳一小窝，容颜娇美。出土时整齐地排成一列，从左至右分别为吹洞箫、击鼓、吹排箫、吹奏（乐器已失）、弹阮咸、弹筝。这组伎乐女俑构成"女乐一部"，形象地反映了十六国时期的音乐文化面貌，为墓主身份的判断提供了依据。

北朝墓葬有9座。其中较为典型的一座坐北朝南，由墓道、过洞、天井、甬道、墓室组成。墓道为长斜坡状，天井2个，墓室为前后土洞墓室。在甬道口、甬道、前室和后室发现涂有白灰，仅见朱色宽带绘竖栏、地袱、横枋。共出土文物116件，皆为陶质，置于前室。两辆陶车以

及风帽俑、小冠俑、兜鍪执甲俑以及骑马鼓吹仪仗俑、甲骑具装俑构成庞大的出行"卤簿"。双髻女俑，应作家内侍役。双人搂抱踏碓女俑和跪扫女俑造型生动，栩栩如生。有陶狗、磨、碓、灶等，此外还出土有陶罐。这批陶俑的人物立俑皆为单模制作，部分底座呈圆饼状，制作较精致，施彩鲜艳，表现出由北魏向西魏、北周陶俑风格演化的特征。

隋代墓葬有5座，其中2座有明确纪年。孵化集群M1坐北朝南，由长方形斜坡墓道、三个天井、三个过洞、甬道和土洞单墓室组成，墓室平面呈方形。过洞及甬道有壁画，墓室原绘有壁画，因脱落严重，仅能看出断断续续的黑色和橘红色边框，内容不详。此次发掘共出土文物107件，主要为彩绘陶俑，个别贴金。种类多样，有镇墓兽、武士俑、骑马男俑以及各种男女立俑、家禽家畜、仓厨明器等。男立俑根据冠帽的不同有风帽俑、小冠俑、笼冠俑等，女俑有双髻低平的侍立俑，还有双手执簸箕的劳作俑。陶动物模型有马、骆驼、羊、鸡、狗、猪等，还有仓厨明器，如陶屋、陶磨、陶碓、陶灶等。生活用器有陶罐、陶瓶等。出土青石墓志一盒。据墓志记载，墓主人薛氏为魏左光禄大夫、散骑常侍、开府仪同三司、平原侯长孙公之妻，受封周城郡君。隋仁寿三年（603年）下葬。

航天中路延伸段M1坐北朝南，由长斜坡墓道、四个天井、四个过洞、甬道和前、后土洞墓

室组成。在过洞前方的墓道两壁上，原皆各绘一幅壁画，已模糊不清，内容不详。在前室四壁皆涂有白灰，分栏绘制壁画，尚依稀可辨为侍立的女子形象，体态清瘦。出土文物共81件，主要有镇墓兽、武士俑、风帽俑、小冠俑、笼冠俑、骑马鼓吹仪仗俑、女侍俑、执箕俑、踏碓俑、陶骆驼、陶马、陶鸡、陶猪、陶灶、陶井、陶碓、陶碗、白瓷碗、白瓷瓶等，还出土青石墓志一盒。女俑发髻低平，双髻或向一侧略翘。上身赤裸，半臂，原外着衣襦已腐朽不存，下着长裩裙，身形修长。根据墓志记载，墓主柴恽为开府仪同三司、东宫右武卫副率、平原公，葬于隋大业二年十二月二十九日。这2座墓葬的结构完整，出土器物的种类多样，是典型的隋墓，反映了隋代对北朝文化的继承和融汇，为研究隋代考古学文化

的发展提供了丰富的实物资料。

唐墓有26座，皆为小型墓葬，方向坐北朝南。形制皆为单室土洞墓，墓道有长斜坡、台阶式和竖穴墓道几种，部分墓葬带一个天井。核工业地质研究院M1为长斜坡墓道，带一个天井，墓室为长方形，长2.2、宽1.3米，土砌棺床。出土2件陶俑，其一着袒右袍服，双髻前抛，面相丰腴，面容已模糊；其一头顶束髻，两侧双垂髻，为女子形象，手中执花。此外还出土了陶盂、三彩碗、三彩提梁罐、黄绿釉壶、酱釉盘、酱釉罐等。从墓葬形制和出土器物判断，该墓的时代大致在玄宗开元年间。

航天发动机厂M2的墓道下有不规则阶梯，带一个天井，墓室略呈方形，长、宽不足2米，砖棺床，砌壶门。出土有幞头男立俑、幞头胸像

十六国墓发掘现场
Excavation-site of Tombs of the Sixteen Kingdoms Period

北朝墓女俑出土情况
Tomb-figurines of Maids Being Excavated from a Tomb of the Northern Dynasties Period

十六国墓出土伎乐女俑
Tomb-figurines of Female Musicians of the
Sixteen Kingdoms Period

十六国墓出土妇人俑
Tomb-figurines of Women of the
Sixteen Kingdoms Period

十六国墓出土仕女俑
Tomb-figurines of Beauties of the Sixteen
Kingdoms Period

十六国墓出土陶鞍马
Pottery Saddled Horses from Tombs
of the Sixteen Kingdoms Period

十六国墓出土男立俑
Tomb-figurines of Standing Servants of the
Sixteen Kingdoms Period

十六国墓出土陶灯
Pottery Lamp from a Tomb of the
Sixteen Kingdoms Period

十六国墓出土铜镳斗
Bronze Heating Vessel from a Tomb of the Sixteen Kingdoms Period

十六国墓出土铜衔环铺首
Door Knockers with Rings from Tombs of the Sixteen Kingdoms Period

俑、白瓷执壶、白瓷碗、铜簪、铜镯、"开元通宝"、铁剪、蚌壳等，还发现了一些漆盘、漆筷的痕迹。该墓的时代大致为玄宗开元末年。

元墓有8座，分布较集中，排列有序，可能属于同一家族。出土了一批人物陶俑和车、井、仓等模型器，胎色灰黑，造型凝练。还出土了一批精美的瓷器，造型多样，釉质莹润。

纪年墓有1座，墓主为都总管万户府都总领傅元明夫妻，纪年为甲寅年，根据该年有闰六月，可确定为宪宗四年（1254年）。该墓方向坐东朝西，由墓道、甬道和前、后墓室组成。墓道的平面呈长方形，下带阶梯。墓室为砖砌而成，前室的平面近方形，穹隆顶；后室的平面为长方形，拱形顶。前室东部放置两具木棺，仅存朽

迹。墓门和木棺之间放置一青石墓志。陶制的"金鸡"、"玉犬"置于墓志前方两侧。墓室北侧有陶车和陶马，面朝墓门方向，作前行状。共出土4件人物俑，其中两男俑和一女立俑站立于陶车马南侧，另一女立俑位于陶灶旁。木棺周围放置大量的灰黑陶生活用品，有盏、盏托、盘、碗、碟、罐、盆、玉壶春瓶、花口长颈瓶、仿古双耳壶、龙首魁、香炉、灯、灶、釜、勺等，还随葬有铜镜。后室放置石函一盒。

这批墓葬的延续时代较长，墓葬形制和出土器物的种类多样，其中十六国墓、北朝墓、隋墓、元墓的等级较高，为研究中国古代的墓葬形制、埋葬制度与埋葬习俗提供了重要的新资料。

（供稿：张全民　郭永淇）

唐墓出土白瓷执壶
White Porcelain Pot from a Tang Period Tomb

魏左光禄大夫散骑常侍
开府仪同三司平原侯薛氏第
孙公妻周城郡君薛仁寿二时长
年七月廿九日薨于隋京师之
以九月仁寿三年大隋仁寿二
月癸酉朔十二日甲申葬二
於大兴县永寿乡小陵原

隋墓墓志拓片
Rubbing of an Epitaph of the Sui Period

北朝墓出土小冠俑
Tomb-figurines of Servants in Skull Caps
of the Northern Dynasties Period

北朝墓出土笼冠女俑
Tomb-figurine of Maid in Cap
with Long Check-covers of
the Northern Dynasties Period

北朝墓出土陶俑
Pottery Tomb-figurines
of the Northern Dynasties
Period

北朝墓出土仕女俑
Tomb-figurines of Beauties
of the Northern Dynasties
Period

元墓出土陶马车
Pottery Model Carrige from a Tomb of the Yuan Period

元墓出土男立俑
Tomb-figurine of Standing Servant of the Yuan Period

元墓出土女立俑
Tomb-figurine of Standing Maid of the Yuan Period

In 2008 to 2009, in coordination with the capital construction of the National Civil Space Industry Base in Xi'an City, the Xi'an Municipal Institute of Cultural Relics Preservation and Archaeology excavated a number of tombs on the tableland (anciently called Fengqiyuan) to the east of the Weiqu Subdistrict Office in Chang'an District, Xi'an City. The excavated graves number 50 and belong to the Han, Sixteen Kingdoms, Northern Dynasties, Sui, Tang, Song, Jin, Yuan and Ming periods. They are rather densely arranged in order. The unearthed objects total 791 pieces, falling into pottery vessels, pottery tomb-figurines, three-color articles, porcelain, bronzes, ironware, etc. Covering a long period of time, multiform in tomb form and funeral objects and rather high in rank for the Sixteen Kingdoms, Northern Dynasties, Sui and Yuan periods, these graves provided new important data for studying the tomb form, burial institution and mourning custom of ancient China.

西安东长安街
唐代石椁墓

SARCOPHAGUS OF THE TANG PERIOD AT EAST CHANG'AN STREET IN XI'AN

2009年9月，为配合西安市东长安街的道路建设工程，西安市文物保护考古所在西安市南郊西兆余村北面发掘了一座规模较大的唐墓，出土的庑殿式石椁和三彩器较重要。

该墓坐北朝南，方向180°，地面原有封土，后被破坏，仅残存西部少许。由残存情况可知，封土南北残长18米，残高0.4～0.95米，夯层厚0.25～0.3米。

墓葬平面呈折背刀形，水平全长27米，由墓道、甬道、墓室三部分组成。墓道开口由南至北逐渐变窄，由上至下逐渐变宽，底呈斜坡状，墓道平面总长21.9米，南宽1.3米，北宽0.94米，坡度23°。墓道壁面平滑，先抹一层草拌泥，然后其上用白灰简单粉刷，但未见壁画。墓道内有3个过洞、3个天井。过洞均呈土洞形，第一过洞长2.1、宽1.2、高1.75米，第二过洞长1.8、宽1.25、高1.9米，第三过洞长1.7、宽1.3、高2.1米。天井呈长方形，大小相同，均长1.7、宽0.42米。其中第二过洞和第三过洞两侧各有一小龛，小龛为平顶土洞形，口部略窄，木板封门，内置随葬器物。

甬道位于第三天井与墓室之间，平面呈长方形，条砖砌成，拱顶，砖铺地。甬道长4、宽1.25、高1.82米。甬道口设两重封门，第一重为砖封门，第二重为石门。石门由门扉、门柱、门楣、门额、门限、门砧等组成，因盗扰，一扇门扉向内倒落，一扇门扉被打碎，连同门额一起被拖入甬道和墓室内。

墓室是先开挖竖穴土圹，然后在其内砌筑砖室。土圹平面近方形，东西长6.25、南北宽5.7米，底距开口7.2米，西南角和西北角有上下交错的三角形脚窝，土圹内用五花土夯实，夯层厚0.25～0.32米。砖室平面呈方形，四壁略外弧，穹隆顶，砖铺地，长、宽均为4米，壁高2.23、顶高4.5米。

该墓的甬道和墓室内绘有壁画，多已脱落。壁画的做法为先于砖墙上抹一层草拌泥作为地杖层，再于草拌泥上抹一层白灰，然后用红色颜料勾画出横梁和立柱等仿木空间结构，壁画内容极其简单，除横梁、立柱外无其他内容。穹隆顶上用白灰水点出无数星星，排列无规律，券顶东西两壁距直壁约1米高处绘有太阳和月亮。

葬具为一石椁，置于墓室西半部，朝向东，南侧顶部由于盗扰已被掀开，石椁内人骨被扰动集中于北部。石椁为青石质，面阔三间，进深两间，顶呈四面坡形，由一条正脊和四条垂脊构成。石椁共由28块石板或石条组成，其中顶部有4块，底部有4块，四壁由10块帮板和10块立柱构成。石椁底座长约2.9、宽1.8米。

该墓的石椁和石门上均有精美线刻。石椁东壁中部开间线刻假门，门上有泡钉，周围线刻花卉和蔓草，两侧开间中部线刻直棂窗，周围线刻花草，两边缘立柱上线刻拱手而立的男侍，南侧帮板外侧及石椁内侧均线刻体态丰腴的侍女，屋面上刻出屋脊、筒瓦垄。

墓室内的随葬器物皆被盗，仅余塔式罐、陶砚等残片。小龛保存完好，出土了82件十分珍贵的三彩器，这些三彩器大多置于第二过洞西侧小龛内，以仪仗俑群和家禽家畜为主，第二过洞东侧小龛内放置2件骆驼和1件牛，另外第二过洞东侧小龛及第三过洞两侧小龛内有朽木痕迹，出土铅马镫、马镳等器物，由此推测这两个小龛内原来可能放置木质的俑和马等器物。

墓志置于甬道内，志盖篆书"大唐故秦府君墓志铭"，志文较长，先于志石上撰刻，余部分撰刻于志盖背面。据志文可知，墓主秦守一，字膺万，陇西人，祖上因官移籍河南，曾祖被封为南安县开国公，墓主秦守一曾任玄武尉、绛州司户、岐州陈仓令、扶风令、京兆武功令、陕州司马、晋州长史、集州刺史、岐州长史、户部郎中、河南令、楚州刺史、万年令、京兆少尹、河南少尹、同州刺史等职，其最高官职为司农卿，唐玄宗开元十年（722年）五月三日薨于东都（即洛阳）尚贤里第，春秋六十有五，开元十二年（724年）归葬。据《旧唐书·职官志》和《新唐书·百官志》可知，唐代在职官设置方面承袭隋制，实行三省六部制，负责管理中央事务、具体执行朝廷政令的有九寺五监，司农寺为九寺之一。司农寺设"卿一员，从三品上。少卿二员，从四品上。卿之职，掌邦国仓储委积之事，总上林、太仓、钩盾、导官四署与诸监之官属，谨其出纳"，由此可知，墓主秦守一的最高官阶为从三品上。正史中没有关于墓主秦守一的记载，《全唐文》卷二百五十三和《册府元龟·集部》中有关于秦守一的记载，二者所记基本相同，一则为"楚州刺史上柱国南安县开国公秦守

墓室穹隆顶
Dome of the Burial
Chamber

石椁上线刻花卉
Floral Design Engraved on the Sarcophagus

石椁上线刻男侍者
Figure of Servant Engraved on the Sarcophagus

墓室与石椁
Burial Chamber and Sarcophagus

一", 一则为"正议大夫行万年县令上柱国南安县开国公秦守一", 由此可知, 该墓的墓主秦守一与上述文献中记载的秦守一应为同一人。

唐代的墓葬形制及棺椁的使用都有严格的规定, 石棺椁的使用更是如此, 一般被认为是皇帝对墓主人的特许和恩典, 是高于品官等级之上的一种特制。目前, 在关中地区发现的使用石质葬具的墓葬有20多座, 绝大多数为石椁, 墓主或为太子、公主, 或为皇亲国戚, 或为开国功臣和宠臣, 其中部分为帝陵的陪葬墓, 年代集中于630～741年, 墓葬有双室砖墓和单室砖墓两种, 官阶均在正二品以上。然而该墓主秦守一的官阶为从三品上, 正史中也没有记载, 却使用了高等级的墓葬形制及石椁、石门等葬具, 其墓葬的地下规模已等同甚至超越当时的皇亲国戚, 为我们研究唐代的丧葬制度, 特别是棺椁制度提供了新材料。

从以往的发掘资料来看, 唐代开元时期, 关中地区唐墓三彩俑的随葬相比之前已经大为减少, 随葬数十件三彩器的墓葬已经比较少见, 但该墓出土的三彩器多达82件, 其数量之众多, 种类之丰富, 造型之精美, 在同地区同时期的墓葬中很少见, 尤其是由18件三彩骑马俑和30件三彩立俑组成的仪仗俑队, 在三彩器中很独特。

该墓出土的人物俑、马、骆驼、牛等三彩器, 使用了独特的施釉技术, 使得这批陶俑的釉色与众不同, 为唐代三彩器的研究提供了宝贵的实物材料。如人物俑的衣着虽然是单色, 但却利用釉层的薄厚不均形成深浅不一的颜色, 使得俑的着装看起来更加绚丽多彩。骆驼、马、牛等动物模型也是利用深浅不一的同一釉色表现其毛发, 使得动物模型栩栩如生。

（供稿：张小丽　郭永淇）

三彩器出土情况
Three-color Objects in Excavation

三彩风帽俑
Three-color Tomb-figurine of
Servant in Hood

三彩风帽俑
Three-color Tomb-figurine
of Servant in Hood

三彩执弓风帽俑
Three-color Tomb-figurine
of Servant in Hood and with
Bow in Hand

三彩执盾风帽俑
Three-color Tomb-figurine
of Servant in Hood and with
Shield in Hand

三彩执剑风帽俑
Three-color Tomb-figurine
of Servant in Hood and with
Sword in Hand

三彩执剑风帽俑
Three-color Tomb-figurine
of Servant in Hood and
with Sword in Hand

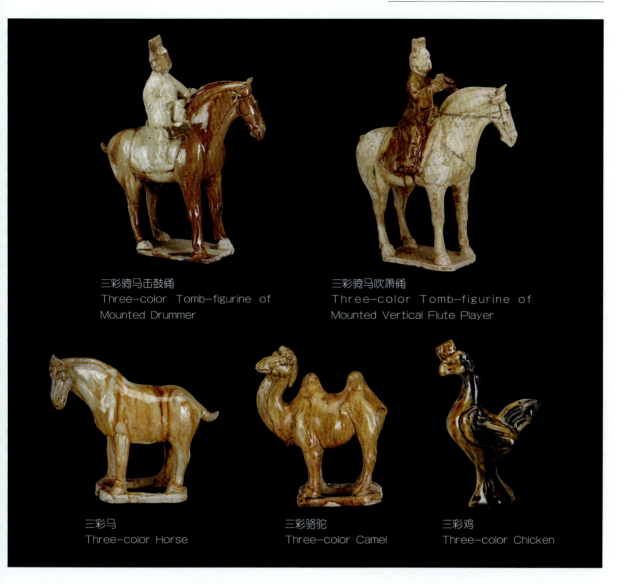

三彩骑马击鼓俑
Three-color Tomb-figurine of Mounted Drummer

三彩骑马吹箫俑
Three-color Tomb-figurine of Mounted Vertical Flute Player

三彩马
Three-color Horse

三彩骆驼
Three-color Camel

三彩鸡
Three-color Chicken

In September 2009, the Xi'an Municipal Institute of Cultural Relics Preservation and Archaeology excavated a large tomb of Tang period to the north of Xizhaoyu Village in the Southern Suburbs of Xi'an City. This grave faces to the south, originally had a mound, looks like a knife in plan, consists of a passage, a corridor and a chamber, and measures 27 m in total length. In the passage are three tunnels and three small yards, among which the two sides of the second and third tunnels are each furnished with a small niche containing funeral objects. The corridor is built of long narrow bricks and furnished with a brick gate-blockage and a stone one. The chamber is a brick-built room in the tomb pit. It has a square

plan, slightly curved walls, a dome and a brick-paved floor. In the corridor and chamber are murals simple in content, depicting only the contours of beams and columns in red, and on the dome are paintings of the sun, the moon and stars. The sarcophagus is three-bay wide and two-bay deep and has a hipped roof. It bears engraved doors and windows in imitation of wooden structural members, floral patterns and figures of servants. From the epitaph it is known that the tomb-owner was buried in the twelfth year of Kaiyuan reign, Tang period (AD724). The unearthed hipped-roof sarcophagus and three-color articles provided new data for researching into the mourning institution and three-color pottery of the Tang period.

北京大兴
辽金塔林遗址发掘

EXCAVATION ON THE STUPA-FOREST-SITE OF THE LIAO-JIN PERIOD IN DAXING, BEIJING

塔林遗址位于北京市大兴区黄村镇西北部，北距碱河1.87公里，西距永定河5.04公里，地势平坦。经国家文物局批准，2008年11月10日～12月15日，北京市文物研究所与大兴区文物管理所联合对该遗址进行了发掘，发掘面积1040平方米，发掘塔基25座，确认这是一处辽金时期的塔林遗址。

由于永定河曾多次泛滥，塔林遗址被淤积的泥沙深埋于地下。地层堆积自上而下可分为4层：第1层为现代建筑废料堆积，第2层为黄褐色沙土层，第3层为红褐色冲积层，第4层为灰褐色冲积层。第4层以下为生土。塔基均开口于第4层下。从地层堆积可以看出，塔林遗址曾遭受过至少3次泥沙淤积。我们发现一些经幢等石构件叠压于第4层之上，且在塔基周围很少发现散落的砖块，种种迹象表明塔林遭到第一次河水泛滥后毁弃，而塔身有可能被洪水冲塌后，其上的砖块被人为搬走，经幢等石构件被翻动。

塔林遗址内的25座塔的上部均已被破坏，而塔的基础部分保存较完整。塔基均为砖砌，形状可分为长方形、六边形、圆形三类，东西宽0.8～4.8米，南北长1.22～4.84米。一些塔基四周还有散水，一些塔基的砖块上还残留白灰痕迹。25座塔中有19座在塔基前发现有踏步，踏步均位于塔基的南侧，南北长0.64～2.74米，东西宽0.6～2.35米。9号塔基的规模最大，不仅有踏步，而且有祭台和经幢座。

根据塔基前的踏步可知，塔基坐北朝南，方向略有偏差。塔林遗址内的塔基分布不均匀，无明显的排列规则。不过从整体上可将这25座塔基分为11排，每排少则1座塔基，多则4座塔基，各排之间的距离不尽一致，远则数米，近则几十厘米。塔基的疏密程度也不尽相同，多数塔基集中在南部，其中13号塔基周围有10座塔基，是最为密集之处。另外，从塔林遗址出土的经幢纪年等分析，未发现塔基的排

9号塔基
Stupa–foundation No. 9

列与年代早晚之间的特殊关系。

　　塔基下方为地宫基槽，基槽为一长方形竖穴土坑，东西长1.14~2.86、南北宽1~2.43、深0.86~2.64米。大多数地宫基槽的底部中央铺砖或石板，四壁由砖砌成，顶部或覆盖石板，或由砖叠涩而成，自顶至地面为砖垒砌的空心柱子；也有的地宫整个底面铺石板，四壁由石板立砌，或由砖砌，顶部盖石板。内置木函，木函有的已朽，有的保存完好。

　　木函内放置有骨殖，在骨殖下铺有一层铜钱，大多数在木函内还放置鹅卵石，有的木函的东、西及南侧放置随葬品。10号、18号和25号塔地宫内出土的器物较精美，主要为瓷器和陶器。瓷器有定窑白瓷、景德镇青白瓷、龙泉窑青瓷、龙泉务窑白瓷等，器形主要有香炉、白釉杯、黑釉茶盏、白瓷盘、白釉印花瓷碟、白釉印花瓷碗、白釉长颈瓶。另外还出土有石菩萨像、铜菩萨像、舍利盒、描金皮盒、灰陶罐等。25号塔基内出土的瓷器有明显的使用痕迹，且瓷器的质量上乘，瓷香炉内还残留一堆香灰，应为平时生活所用之物。而18号塔基内出土的器物较粗糙，未发现使用痕迹，可能是专为随葬而制。

　　部分塔基周围还散落有经幢等石构件，经幢皆倒地，幢座、幢身、幢顶分离。根据幢身文字排列的情况分析，幢身下部均朝向塔基，上部向外，因此我们判断所发现的4座经幢本应立于塔基之上，塔身之内。

　　经幢上的题记为汉文和梵文，内容是《佛顶尊胜陀罗尼经》和尼姑的生平事迹。经过初步释读，发现经幢题记的内容具有重要的史料价值。经幢题记中的"持净院"应为塔林遗址所属的寺院名称。13号塔基经幢题记为"负枢归于析津县招贤乡西縈里附先大师之茔"，据此可知"持净院"可能与塔林有一定距离。2003年，北京辽金城垣博物馆在塔林以西约0.9公里的大兴区芦城镇东芦城村发现了一座纪念性质的辽代乾统九年经幢，题记中记述的亦

1号塔基
Stupa-foundation No. 1

为持净院的尼姑。因此，我们推测"持净院"可能位于塔林以西东芦城村附近。

经幢题记中提及塔林遗址在辽金时期的古地名为"析津县招贤乡西綦里"。而在塔林的东北约5公里的大兴区西红门镇曾发现辽代马直温夫妻合葬墓，墓志中记载墓葬的地点为"燕京析津县招贤乡东綦里"，亦属"招贤乡"。另外，房山石经的唐人题记中有"幽州蓟县招贤乡西綦村"，而"析津县"唐时为"蓟县"，因此塔林出土经幢题记中的古代地名与房山石经所记地名相互印证。

经幢题记上的年号和北京地名的变迁反映了辽宋金时期的史实。12号塔的经幢题记"清宁六年"即公元1060年，为辽道宗年号。13号塔的经幢题记"宣和六年"即公元1124年，是宋徽宗年号。北宋末年，宋金订立海上之盟，南北夹击辽朝。金灭辽后，将燕京归还北宋，北宋改中都为燕山府。因此经幢纪年由辽年号改为北宋年号。另外，15号与19号塔经幢上有"大金燕京……皇统九年"、"大金中都"与"贞元三年"等题记。金熙宗皇统九年为公元1149年。燕京为辽和金早期对北京的旧称，当时北京为陪都，号称南京，又名燕京。金帝完颜亮贞元元年即公元1153年，金帝完颜亮正式迁都，改南京为中都，这是北京正式建都的开始，因此经幢上改称原"燕京"为"中都"。关于持净院塔林遗址的时代，亦可从经幢题记上有所了解。经幢题记中最早的年代为辽道宗清宁六年（1060年），最晚的年代为金帝完颜亮贞元三年（1155年），其间相差95年，这说明"持净院"及其塔林的存续时间超过百年。

此次发掘的辽金时期塔林遗址以数量较多的中小型塔基为主，为中国佛教考古提供了重要的新资料。出土的经幢题记对于研究北京建都史、辽金时期的佛教文化以及北京地区的历史地理具有重要的意义。

（供稿：于璞　韩鸿业）

19号塔基
Stupa-foundation No. 19

1号塔基地宫
Crypt of Stupa-foundation No. 1

9号塔基地宫与木函
Crypt and Wooden Case of Stupa-foundation No. 9

青白瓷香炉
Greenish-white Porcelain Censer

石菩萨像
Stone Bodhisattva

铜菩萨像
Bronze Bodhisattva

铜菩萨像
Bronze Bodhisattva

白瓷长颈瓶
Long-necked White
Porcelain Vase

白瓷杯
White Porcelain Cup

白瓷印花碟
White Porcelain Dish with
Impressed Design

黑瓷盏、盏托
Black Porcelain Cup
and Saucer

白瓷印花碟
White Porcelain Dish
with Impressed Design

白瓷印花碗
White Porcelain
Bowl with Impressed
Design

白瓷杯
White Porcelain Cup

The Stupa-forest-site is situated to the northwest of Huangcun Town in Daxing District, Beijing City. In November to December 2008, the Beijing Municipal Institute of Cultural Relics and the Daxing District Office for the Preservation of Ancient Monuments carried out there excavation. In the opened area of 1,040 sq m, they revealed 25 stupa-foundations, and thus the site can be confirmed to have been a Liao-Jin period Stupa-forest. The stupa foundations are rectangular, hexagonal or circular in plan, and steps were found in front of 19 stupas, which indicate that the foundations face to the south. They have crypts in the lower part, where wooden cases were revealed to contain human skeletons stretched on a layer of bronze coins; and pebbles were often discovered in the wooden cases. The unearthed funeral objects include white porcelain cups, saucers with impressed design and long-necked vases, black porcelain cups, stone and bronze Bodhisattvas and pottery jars. In addition, there are dvajas (inscribed Buddhist stone pillars) with the sutra *Usnisa-vi-jaya-dharani* (《佛顶尊胜陀罗尼经》) in Chinese or Sanskrit and nuns' life stories in Chinese. The inscription Chi Jing Yuan 持净院 (Chijing Temple) must refer to the temple the stupa-forest belongs to. The excavated stupas of the Liao-Jin period are largely medium and small in size. They provided new important data for studying archaeology of Buddhism in China, and the dvaja inscriptions have great value to researching into the history of Beijing as a capital, the Buddhist culture of Liao-Jin times and the historical geography of the Beijing area.

河北曲阳
定窑遗址发掘

EXCAVATION ON THE DINGYAO KILN SITE IN QUYANG, HEBEI

定窑是宋元时期产量巨大，影响广远，在宋元时期的各个制瓷传统中官府督窑并贡御时间最长的窑场，在宋元时期制瓷业中占有非常重要的地位。遗址位于河北省曲阳县涧磁村、北镇村及野北、燕川村一带，其中涧磁、北镇窑区保存最好、规模最大，总面积约117万平方米。

自20世纪30年代定窑遗址被发现以来，虽经过多次的调查、发掘，但一直没有一个以窑址考古发掘为依据的权威的分期研究。近年来，各地的考古工作中不断有定窑的资料发现，人们日益感到定窑在当时日常生活、国家典礼以及边境贸易等诸多方面发挥着重要的作用，但窑址工作的缺乏严重制约了研究的深入，考古工作的发展呼唤着一次系统的窑址发掘。为全面了解定窑瓷器各时期生产的总体面貌和烧造工艺的特征，促进定窑研究工作的深入，经国家文物局批准，河北省文物研究所、北京大学考古文博学院、曲阳县定窑遗址文物保管所组成联合考古队，于2009年9月起对定窑遗址进行了主动性的考古发掘，田野工作自9月20日开始，12月30日结束。根据此次发掘的

学术目的，并结合以往对定窑遗址的地面调查结果，考古队在涧磁岭、涧磁西、北镇及燕川四个地点布方发掘，以期获得定窑烧制历史各个阶段的地层资料，了解宋元时期定窑生产的基本面貌并进行分期研究，尤其是探寻早期定窑的资料，探讨定窑创烧的时间；金代定窑的瓷器特征及贡御情况；元代定窑的生产规模及衰落原因等。本次发掘在涧磁、北镇区布方18个，发掘面积696平方米，清理各类遗迹60余处，其中窑炉11座、作坊11座、灰坑31个、灶8座、墓葬2座、沟1条、界墙2道等，出土了大量各时期的瓷器和窑具，其中完整或可复原标本数千件。发现带有"官"、"尚药局"、"尚食局"和"东宫"款的器物残片多件；燕川区的发掘面积为80平方米，清理出宋、金、元各时期的地层及作坊、灰坑、灰沟等各类遗迹8处，出土有"长命富贵"、"楼"、"酒"等字样的白地黑花瓷器及大量金元时期瓷片等。总体上看，此次发掘的学术目的已基本实现，资料整理工作正在紧张有序的进行当中。

通过田野发掘过程中的观察和初步的整理，我们认为本次发掘的收获主要表现在以下

几点。

第一，发现并清理了从中晚唐到元代各个时期的地层，其中以往从其他考古材料并不十分了解的中晚唐、北宋中期和元代地层的清理，为我们全面了解定窑的生产历史和工艺发展提供了详实的资料。比如我们可以大致了解定窑的装烧方法从三叶形、三叉形支钉叠烧、漏斗形匣钵单烧、碗形支圈支烧和盘形支圈覆烧的工艺发展过程。又比如，在此次发掘的涧磁、北镇区的五个小区及燕川区的各个探方内均发现了金代的地层及各类遗迹，文化层普遍很厚，出土物丰富，说明金代是定窑瓷器烧造历史中生产规模最大的时期。

第二，大体可以判定定窑的始烧时代在中晚唐时期，我们在不同发掘地点的七八个探方中发现了晚唐、五代到宋初的地层，其下即为生土，并出土有中唐时期特征的碗、执壶残

片等，这种反复出现的事实使我们基本可以确定，定窑的创烧时代早不过中唐。以往关于定窑的创烧时间有初唐和隋代说，都还缺少实物依据。

第三，清理了一批重要的遗迹，包括2座保存较完好的五代窑炉、1座宋代窑炉、3座金代窑炉，这些窑炉大都具有大而深的火塘，发达的通风道和宽大的烟囱，十分适合要求很高烧成温度的定窑瓷器的烧成，具有不同于北方其他地区馒头窑的独特特点。如在北镇区T2内清理出的金代窑炉（Y1），是迄今清理的保存最完整的定窑窑炉，由通风道、风门、窑门、火膛、窑床、烟道墙、烟囱和护墙八部分组成，其3.18米长的通风道、2米深的火膛、前宽后窄的窑床、有隔墙但又相通的烟囱，为我们全面了解金代定窑的窑炉结构提供了完整的实例。在涧磁B区清理的大型作坊，其中有6口盛放原料的大缸；还清理了一

定窑遗址涧磁岭区全景
A Panoramic View of the Jianci Hill Area of the Dingyao Kiln Site

涧磁岭C区界墙及相关遗迹
Demarcating Wall and related Vestiges in the Jianci-Hill-C Area

涧磁岭B区原料坑及相关遗迹
Raw Material Storing Pit and Related Vestiges in the Jianci-Hill-B area

处大型的烘坯作坊，这些遗迹的清理，对我们了解当时的成型工艺和研究当时的生产管理的相关问题都十分有价值。

第四，出土了一批代表定窑各时期贡御情况的重要遗物，如五代、宋初地层中的"官"字款器物，北宋地层中的带"尚食局"、"尚药局"款及装饰龙纹的器物，金代地层中的"尚食局"、"东宫"款碗、盘等，都为我们研究定窑的贡御瓷器的特征及历史提供了实物资料。如果认为这些带款识的器物是用于贡御的器物，我们可以看到，生产这类器物的地点在定窑遗址中分布比较普遍，其中以涧磁岭地区产品的质量最好，器物的种类最丰富。但即使是在集中出土这些官用

器物的地点，也还同时生产制作粗率的另一类产品。这种官作制度似乎是由许多窑户承造官用的精致产品，同时其还从事商品生产的体制。与考古发现的汝窑的贡御体制似有一定的差别。

第五，清理了定窑元代的地层及遗迹，为了解定窑元代的生产情况提供了材料。如在燕川区清理出各类元代的遗迹及大量遗物，并通过对燕川附近的野北、杏子沟地区的调查，发现了大量的元代遗物，可知定窑在元代的烧造规模仍非常大，但产品质量下降，与宋金时期的精美定瓷已相差甚远，已成为提供附近民众日用器物的窑场。

（供稿：韩立森　秦大树　黄信　刘未）

涧磁岭B区五代窑炉
Kiln of the Five Dynasties Period in the Jianci-Hill-B Area

北镇区北宋窑炉
Kiln of the Northern Song Period in the Beizhen Area

涧磁岭A区金代窑炉及被打破的北宋窑炉
Kiln of the Jin Period in the Jianci-Hill-A Area and the Kiln of Northern Song Period It Intruded

北镇区金代窑炉
Kiln of the Jin Period in the Beizhen Area

白釉鱼纹盘
White-glazed Dish with
Fish Design

白釉盘
White-glazed Dish

白釉"尚食局"款碗
White-glazed Bowl with
the Inscription "Shang Shi
Ju 尚食局"

白釉"东宫"款龙纹盘
White-glazed Dish with Dragon
Design and the Inscription
"Dong Gong 东宫"

白釉龙纹碗
White-glazed Bowl with
Dragon Design

白釉瓷塑
White-glazed Porcelain
Sculpture

印花盘模
Stamp of Impressed
Design for Dish

碗底龙纹印模
Stamp of Dragon Design for
Bowl Base

环形支圈
Circular Spur

白釉贴塑人物香炉
White-glazed Censer with Applied Human Figures in Bas-relief

白釉 "尚食局" 款龙纹碗
White-glazed Bowls with Dragon Design and the Inscription "Shang Shi Ju 尚食局"

白釉 "尚药局" 款盒
White-glazed Box with the Inscription "Shang Yao Ju 尚药局"

白釉划花莲纹盘
White-glazed Dish with Incised Lotus-flower Design

This kiln-site is located at Jianci, Beizhen, Yebei and Yanchuan villages in Quyang County, Hebei Province. Since September 2009, the Collaborative Archaeological Team from the Hebei Provincial Institute of Cultural Relics and Archaeological, Antiquarian and Museological Collage, Peking University carried out there initiative archaeological excavation. So far, they have opened 696 sq m in the Jianci and Beizhen area, where they revealed above 60 spots of vestiges of kilns, ash-pits, workshops and cooking ranges, discovered fragments of broken porcelain with the inscriptions "Guan 官," "Shang Yao Ju 尚药局," "Shang Shi Ju 尚食局" and "Dong Gong 东宫," and brought to light a large number of porcelain articles and firing implements varied in date. In addition, excavation revealed a series of successive strata formed in the late Tang to Jin period, which enabled us to understand completely the condition of production, making technology and distinctive features of the Dingyao Kiln, clarified on the whole the inceptive, developing and flourishing stages of this workshop, its tribute payment to the dynasty in the Five Dynasties to Jin period, and the structure and character of its kilns in that time. The excavation in the Yanchuan area covered 80 sq m. It revealed serious stratigraphical layers and remains of eight workshops, ash-pits and ash-trenches, and brought to light numbers of porcelain articles and firing implements different from those of Song, Jin and Yuan times discovered in the Jianci and Beizhen areas, which provided material evidence for investigating the history of porcelain production in this area and the traits of its products, especially the production of *Ding* ware in the Yuan period.

吉林白城
永平金代遗址

YONGPING SITE OF THE JIN PERIOD IN BAICHENG, JILIN

永平遗址位于吉林省白城市洮北区平安镇永平村东南约300米，北距平安镇1.5公里，南至三甲村1公里，面积约13600平方米。遗址西高东低，现已辟为耕地。1985年成书的《白城市文物志》著录了该遗址，并将其命名为辽金时期的马家窝堡寺庙址。

为配合珲（春）乌（兰浩特）高速公路白（城）石（头河子）段的建设，吉林省文物考古研究所于2009年4～9月对该遗址进行了抢救性考古发掘，发掘面积2600平方米，发掘情况表明这是一处金代遗址。根据地层关系判断，该遗址的发掘区域存在早晚两期遗存，早期遗存以大型台基式建筑为主，清理出4座此类遗迹，此外还清理出1座地面式居住址。晚期遗存以普通居民建筑为主，该类遗迹普遍存在取暖设施火炕，共清理出11座，其中一些房址坐落在已经废弃的台基之上，并利用了早期遗存废弃的砖瓦。遗址出土遗物的种类丰富，数量近千件，有陶瓷器、铁器、铜器、玉石器、骨器等，可分为日常生活用器和建筑构件两大类，其中建筑构件多属早期大型台基建筑用器，日常生活用器多出土于晚期房址。

已发掘的早期台基建筑址以三号台基面积最大，其东、南、西侧分布有规模略小的台基，上述台基之间存在砖铺地面迹象，铺砖范围东西32、南北36米，受发掘面积限制未全面揭露。其中多数区域的铺砖因踩踏已经破碎，保存较好区域见有手印纹砖。台基均选择地势较高地段，

遗址全景（北一南）
A Panoramic View of the Site
(photo from north to south)

经平整地表形成台基轮廓。三号台基迹象保存相对较好，平面略成长方形，方向为南偏东5°，长23、宽22.5、残高0.3米。台基四缘饰以包砖，并经粉刷白灰处理，台基除西侧包砖一排外，余三侧均包砖两排，北侧和东侧采用石灰泥浆填补缝隙。包砖外侧存在散水设施，砖构，直接铺于地面，宽度为0.22米，砖材与台基包砖规格相同，散水砖连接处外护以砖钉，砖钉多为碎砖的再次利用，半埋地下，露于地表的钉角因磨损而略显圆钝。

三号台基的西部修建了一处砖构的踏道，残存南侧象眼，砌砖9层，自东向西依次斜向叠砌，砌砖北侧底层并排竖置方砖5块，象眼砌砖与地面倾斜角为14°，残长2.6米。根据踏道残存长度及倾角计算可知，台基原有高度不低于0.63米。台基顶部破损较重，但尚可辨识磉墩性质的柱网结构，柱网横纵均为6排，每排残存磉墩数量有所差异，共清理出磉墩26个，其平面形状多为方形，边长1.3~1.8、深0.6~1.2米，磉墩间距不等。西侧纵排磉墩为土石混夯，其余磉墩均为黄土夯成，磉墩之上未发现础石。磉墩主要分布于台基的北部，台基的南部约6米宽区域未见磉墩迹象。据此推断台基的北半部营建了主体建筑，其南部的一部分区域可能属于建筑前的单纯平台设施。

二号台基东距三号台基约3米，其位置略显偏北。平面为长方形，东西6.5、南北9.85、残高0.2米，方向为南偏东5°，该台基外缘未见包砖，台基东侧、北侧残存散水、砖钉迹象，南侧、西侧因破损严重未发现此类迹象。该台基柱网采用满堂柱做法，横向2排，纵向3排，表明该台基的主体建筑呈面阔2间、进深3间格局。台基表面虽未发现础石，但磉墩相对完整，其内部为土石混夯，平面为方形，边长1、深度0.6米。间距横向2.5、纵向1~2米。

一号台基西距三号台基约2米，受晚期房址破坏东、北侧边界不清，残高0.3米，根据现存迹象可看出台基修建于三号台基外中部偏北。台基顶部发现少量铺地方砖及础石5块，晚期房址5座，在南侧发现残存的散水砖及砖钉。

与台基属同期建筑的一号房址位于二号台基西侧，与台基平行修建，平面为长方形，方向为南偏东4°。该房址东西宽7、南北长9.2米，呈前堂后室式格局，室内地面遍铺条砖，草拌泥墙，宽0.5米，室内墙面粉刷有白灰。前堂设有两门，东门位于东墙中南部，砖构台阶式门道，两阶，长0.3、宽0.45、通高0.22米；南门位于南墙中部。后室东北、西北角设置砖砌火炕两铺。在西墙发现前堂与后室间隔墙残迹。东墙及其与北墙的转角使用青砖铺底，东墙外将沟棱砖、青砖、手纹砖稍作加工，侧立在房址东侧，充当散水和护坡之用。种种迹象表明，一号房址似为台基式建筑的附属设施。

环绕4座台基周围散布大量建筑构件残块，包括板瓦、筒瓦、瓦当、压当条、手纹砖、沟

三号台基（北—南）
Platform No. 3 (photo from north to south)

棱砖等砖瓦类构件及鸱吻类屋脊装饰品，尤以鸱吻、神鸟为特色。均为灰陶质，个别鸱吻有涂朱现象，在大型台基的倒塌堆积中还发现红绿彩绘画残块和涂红彩、黑彩的墙皮。此外，出土红陶罐1件，以及大量用于固定建筑构件的铁钉。根据台基规模和功用不同，每座台基使用的砖瓦构件和装饰类鸱吻形制有所区别，遗物造型优美，构思巧妙，不但显示出较高的艺术性，也烘托其较高的建筑等级，依据现存遗物，目前尚无法确定此类台基建筑是寺庙遗址还是行政设施残迹，但可以确认的是，此类建筑绝非普通民居。

晚期遗存无论是房屋形制还是出土遗物均为以往发现的金代遗址所常见。其房址均属普通民居类建筑，规模较小。其中，部分房址建于废弃后的一号、四号台基之上，修建时对早期废弃堆积稍事平整。房址土坯单炕，炕的形制分直尺型和折尺型两种，灶口呈方形或长方形，灶壁利用残砖、石块构筑而成，火炕的烟道3～4条不等。

晚期房址破坏较严重，一些房址间存在叠压打破关系。出土物多为陶瓷质普通日常生活用器，陶瓷器器型见有罐、碟、盆、瓮等，多为泥质灰陶，素面为主，附加堆纹和篦齿纹、短线纹次之；瓷器多为仿定白瓷和粗白瓷片，均为素面，器型见有碗、碟，鸡腿坛釉色分为绿釉、白釉、酱釉三种，铁器见有钉、镞、削、环、锅、车辖、门锁、甲片等；另见汉、五代、唐、宋时期铜钱，年代最早的是汉五铢，最晚的是北宋的政和通宝。

永平遗址是继黑龙江省刘秀屯遗址之后在东北地区发现的又一处有高等级建筑的金代遗存，早期台基建筑体现出一定的规划理念，主体建筑所使用的鸱吻、神鸟、兽面瓦当等装饰构件为研究金代高等级建筑提供了新资料。早期台基建筑的规模、装饰风格以及晚期普通居民建筑的形制，对于研究金代建筑的布局和装饰风格具有重要的价值。

（供稿：李丹）

三号台基西侧踏步与散水
Steps and Apron on the Western Side of Platform No. 3

台基间铺地砖
Brick Pavements between Platforms

三号台基东侧铺地砖
Brick Pavement on the Eastern Side of Platform No. 3

二号台基（北—南）
Platform No. 2 (photo from north to south)

一号台基（南—北）
Platform No. 1 (photo from south to north)

一号房址（东—西）
House—foundation No. 1 (photo from east to west)

The Yongping site lies about 300 m southeast of Yongping Village in Ping'an Town of Taobei District, Baicheng City, Jilin Province. In April to September 2009, the Jilin Provincial Institute of Cultural Relics and Archaeology carried out there a salvage archaeological excavation. In the excavated area of 2,600 sq m they revealed two phases of cultural remains. The early vestiges include mainly remains of large-sized buildings on platforms while the late ones, those of common people's buildings. The unearthed objects number approximately 1,000 pieces, which consist of daily-use utensils and structural members and fall into ceramic, iron, bronze, bone and jade articles and other precious stone artifacts. The site is another spot of Jin period high-rank building remains revealed in Northern China following the Liuxiutun site discovered in Heilongjiang Province. The early phase buildings on platforms embody certain planning concepts, and the *chiwei* owl-tail ridge ornaments, mythical birds, animal-mask design tile-ends and other decorative structural members on the main buildings provided new data for researching into high-rank buildings of the Jin period. The size and decorative style of the early buildings on platforms and the shape of the late common people's dwellings have important value to studying the layout and decorative style of Jin period buildings.

鸱吻
Chiwei Owl-tail Ridge
Ornament

兽头
Animal Heads

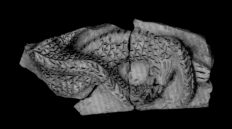

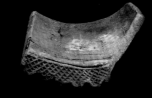

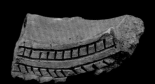

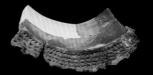

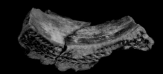

浮雕龙纹砖
Brick with Dragon Design
in Relief

滴水
Dripping Tiles

瓦当
Tile-ends

宋陵周王墓

ZHOU PRINCE TOMB IN THE SONG PERIOD MAUSOLEUM PRECINCT

宋陵周王墓位于河南省巩义市北宋太宗永熙陵东北部芝田镇芝田村南，兰州至郑州至长沙的成品油管道从该墓的北侧东西向穿过。2008年8月～2009年4月，为配合兰州至郑州至长沙成品油管道的建设工程，河南省文物考古研究所对该墓进行了抢救性考古发掘。通过发掘得知，墓主人为大宋王朝周王——宋真宗的第二个儿子，"王讳玄祐，字庆长"，生于至道元年十一月二十四日，死于咸平六年四月二十二日，玄祐九岁夭折，于景德三年十月二十八日葬于宋太宗永熙陵侧，属永熙陵的附葬墓。该墓的墓道呈斜坡阶梯状，甬道为砖券拱形顶，墓室为单室砖券圆形穹隆顶。该墓总长31米，甬道长9.42、宽3.1、高5.58米，墓室土圹直径9米，墓底距残存墓顶8.8米。该墓在回填时经过夯打，十分坚硬。根据宋陵的形制与结构判断，该墓在墓道前应有神道，但现场被庄稼覆盖，只在该墓的南部沟边发现几尊石刻雕像，应是该墓神道上的石刻雕像。

墓葬地表以上部分已无迹可寻，只残留下部地宫。由墓道、甬道和墓室三部分组成。

墓道位于墓室南部，这次只清理了管线范围内部分，清理平面长度11.8米，南部距地表深0.6米，北部与甬道相接处距地表深8.67米。在墓道正中部自上而下挖有土台阶，台阶一般高13厘米，横宽60厘米。

甬道长9.42、宽3.1、高5.58米。砖券拱形顶，拱高1.97米。两壁平砖顺砌。券顶厚56厘米，用丁砖上下三层相叠起券，砖间以泥粘结。砖长36～37、宽17～18、厚5～5.5厘米。甬道内壁敷有一层草拌泥，再粉以青灰，但大部分已脱落，草拌泥厚度0.8厘米，青灰厚度0.2厘米。

甬道与墓道结合处残留12层封门砖，全部用卧丁砖砌筑，砖有残有整。

甬道南半部两边各有一个砖砌壁龛，内壁为生土。东壁龛宽1.28、进深0.86、高2.34米。西壁龛宽1.27、进深0.9、高2.22米。壁龛内壁敷一层厚0.5厘米的草拌泥，表面再敷以0.1厘米厚的青灰泥。壁龛底部皆铺一层砖。

墓门位于甬道中部，南距甬道口4.4米。墓门由门砌、门挟、直额、越额、门砧、门扉和楣门柱等组成。皆为青石质，表面磨光。

门砌两侧两石较大，东侧石长1.23米，宽0.33米；西侧石长1.24米，宽0.33米；中间一石长0.65米，宽0.42米。

门挟二石呈方柱状，立于门砌之上两侧，间距2.21米，二石皆高2.52、宽0.4、厚0.32米。

直额一石，两端嵌入墓壁内，平置于门挟之上，宽0.38、厚0.57米，露出部分长3.15米。直额两侧各凿有两个对称的方孔，方孔皆长0.09米，间距0.27米。当嵌物以固定门扉。

越额一石，呈半月形，置于直额之上，两端

嵌入墓壁内，厚0.33、高1.18米。

门砧二石，位于门挟内侧，被倒下门扉所压，长0.59~0.6、宽0.55米。上部棱刹成斜面，中间凿成边长19.5、深10.5厘米的方洞。上承门扉。在门挟外侧与门砧相对应，置两块门脚石，形制同门砧，唯无方孔，长0.52~0.54米。二石上棱皆刹成斜面。

楗门锁一石，竖立于门外中部，稍向东倾斜，呈方柱状，外棱刹成两斜面，宽0.32、厚0.24米，表面略作磨光。

门扉两石平侧于甬道北部，西门扉上部门轴断裂，里侧被凿砸成不规则弧形边，两门扉皆长2.84米。东门扉宽1.41、厚0.21~0.28米。上端设门轴，门轴径0.28米，高0.4米。西门扉残存最高1.32、厚0.21米。两门扉内侧中部皆凿有一小圆洞，直径0.06、孔深0.05米。门扉下部凿有两个长方形凹槽，长0.1~0.12、宽0.04、深0.02~0.03米，门扉正面有线刻武士像，背面有仿木结构的门撑装饰。

墓室南部与甬道相连，东南部因被盗有约70平方米的缺口。平面形状为圆形，直径5.7米。穹隆顶，墓底距残存墓顶8.8米，墓壁用平砖砌筑，并以泥勾缝，壁厚0.57~0.59米。周壁砌抹角倚柱7根，柱高1.62~1.8、宽0.15米，隐出墙面0.57~0.59米。柱间连以栏额，柱头置有砖雕砌成的栌斗，单昂四辅作斗拱。环绕墓壁的砖砌立柱之间有8个壁面，宽1.04~3.55米。除西侧南部靠近甬道口一壁面无砖雕外，其他各壁面砖雕分别有桌、椅、灯檠、衣架、隔扇、门窗等装饰。墓室北部及中部偏南为砖砌的棺床，东西长5.7、南北宽4.5米，高出南部地坪0.62米。棺床南侧壁砖雕砌成叠涩檐阑额须弥座式花雕壁面。

石刻画像主要在墓门的两门扉上及墓志盖上，均为阴线刻。两扇门扉上，均刻有一个高大武士。画面宽1.4、高2.8米，几乎占据整个门扉。武士方脸阔额，浓眉环目，披甲执器，威风凛凛。其中，西门扉武士，头戴簪花，全身着铠甲，腰扎宽带，肩负披膊，右手执剑竖直挺于胸

墓室壁砖雕
Brick Carvings on the Wall of the Burial Chamber

前，左手握团花。东门扉武士身着与西门扉武士几乎相似，唯头花变为复杂，护耳外翻，右手执剑斜置，左手扶剑刃试锋，两武士脚踏莲花。

墓志盖为盝顶，方形面上阴刻"大宋故周王墓志铭"篆体，周边线刻连续花草纹，四刹分别刻青龙、白虎、朱雀、玄武四神像，环绕上下及空档以云纹填之。

墓壁砖雕环绕墓室内壁，被砖雕砌成的立柱将墓内壁隔成8个壁面，壁面上除西壁南侧一壁面无砖雕外，其余7个壁面均有砖雕砌成画面，从内容形式可分为五组。

第一组：中间为一张桌子，上面放置有砖雕平砌的注子、果盘、盖壶。果盘上砖雕果品石榴、桃子清晰可辨。桌子两旁砖雕平砌两把椅子，椅子两旁砖雕平砌成两灯擎。

第二组：墓室北部三个壁面，两侧两壁面分别用砖雕砌成两扇隔扇，中间壁面砖雕砌成假门。

第三组：墓室东部壁面，自北向南依次有砖雕砌成的衣架、盆架、梳妆架及架上放置的首饰盒。

第四组：上砖雕砌成方格形亮窗，下部砖雕成带格扇假门。

第五组：砖雕砌成灯擎，上呈三支分叉状灯台，台面平砖砌成方形。整个画面构成墓主人生前的生活情景。

棺床南侧壁面须弥座上饰以线刻曲线纹图案与砖雕锯齿纹砌成叠涩檐，重落隐出2厘米，望板砖雕为连续花卉纹平砌。再下角雕砖花卉竖砌成圆角倚柱隔成13个阑额，阑额内为牡丹花卉砖雕砌成。座为仰莲覆莲须弥座。

该墓多次被盗且遭破坏严重，大部分随葬品已无，出土有石墓志盖、石墓志、石函、石刻宫人头像及砖、瓦等建筑构件，瓷器、瓷片出于填土中。

石墓志盖、石墓志放置于墓室的前端与甬道口连接处，墓志盖为盝顶，边长0.89、厚0.1米。盖题2行，行4字，阴刻篆书"大宋故周王墓志铭"。盖面边饰蕙草纹，四刹以云纹作地，分别刻以青龙、白虎、朱雀、玄武四神图案。墓志边长0.89、厚0.2米，志文正书36行，行33字，计1100余字。上书"大宋故光禄大夫检校太保左卫上将兼御史大夫上柱国信国公食邑一千户食实封贰百户追封周王谥悼献墓志铭"。

石函1件，青石质，呈长方体，长0.64、宽0.46、高0.36米。盖为盝顶，盖面及四刹皆线刻缠枝花卉纹。

石刻宫人头像2件，其中1件残，头戴五梁冠，脸庞丰满，残高0.46米。

砖有长条形砖、方形砖、梯形砖和勾栏砖等。

瓦有板瓦、筒瓦。

瓷器按釉色分，有钧釉瓷、白瓷、白地黑花瓷、越窑青瓷等；按器形分，有碗、碟、盏托等。

该墓的发掘为宋代墓葬形制、埋葬习俗及雕刻、书法艺术等的研究提供了珍贵的实物资料。

（供稿：赵文军　马晓建　朱树魁）

石墓志盖
Stone Cover of the Epitaph

石墓志
Stone Epitaph

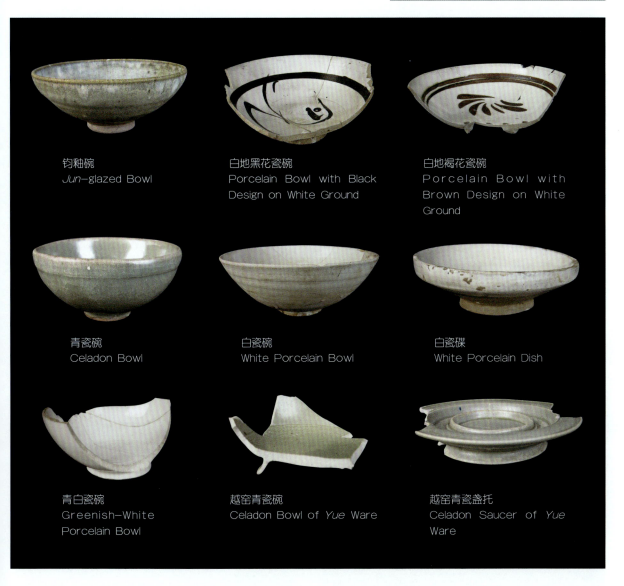

钩釉碗
Jun–glazed Bowl

白地黑花瓷碗
Porcelain Bowl with Black Design on White Ground

白地褐花瓷碗
Porcelain Bowl with Brown Design on White Ground

青瓷碗
Celadon Bowl

白瓷碗
White Porcelain Bowl

白瓷碟
White Porcelain Dish

青白瓷碗
Greenish–White Porcelain Bowl

越窑青瓷碗
Celadon Bowl of *Yue* Ware

越窑青瓷盏托
Celadon Saucer of *Yue* Ware

The Zhou Prince tomb in the Song Period Mausoleum Precinct is situated to the south of Zhitian Village in Zhitian Town of Gongyi City, Henan Province, northeast of the Yongxi Mausoleum of the Song Emperor Taizong. In August 2008 to April 2009, the Henan Provincial Institute of Cultural Relics and Archaeology carried out a salvage excavation to investigate it. It has been known that the tomb-owner is Prince Zhou of Song Dynasty, the Song Emperor Zhenzong's second son, who was born on 24th day 11th moon, first year of Zhidao reign, died on 22nd day fourth moon, sixth year of Xianping reign, and was entombed near the Yongxi Mausoleum of the Song Emperor Taizong as the auxiliary burial of the latter on 28th day 10th moon, third year of Jingde reign. The tomb consists of an inclined stepped passage, a brick-vaulted corridor and a single-room domed brick chamber. It measures 31 m in total length with the corridor in a length of 9.42 m, a width of 3.1 m and a height of 5.58m, and the earthen-pit for the chamber is 9 m in diameter and 8.8 m in height from the remaining tomb-top to the bottom. Judged by the shape and structure of other Song mausoleums in the precinct, the song tomb under discussion must have been furnished with a spirit road in front. The excavation furnished valuable material data to researching into the tomb form, burial custom, sculpture and calligraphy of the Song period.

陕西韩城盘乐
宋代壁画墓

MURAL TOMB OF THE SONG PERIOD AT PANLE IN HANCHENG, SHAANXI

木榻出土情况
Wooden Bed in Excavation

2009年1～6月，为配合陕西省韩城市矿务局基建工程，陕西省考古研究院在陕西省韩城市盘乐村东面进行抢救性考古发掘，清理汉墓、宋墓和清墓共47座，其中宋代壁画墓（编号为M218）保存较好，出土的木榻及壁画为宋代考古的重要发现。

M218为砖券墓室，在墓顶之上平铺一层方砖。墓室长2.45、宽1.8、高2.25米，封门高1.5米，墓葬为南北向。墓室南端有一条竖穴墓道，墓道长1.65、宽0.65米。墓砖有两种，一种为方砖，长、宽均为30厘米，厚6厘米，主要用于砌榻座；另一种为长条砖，主要用于砌墓壁、墓顶和封门。

木榻由砖砌榻座和木榻围栏组成，置于墓室西北部，由于墓室较小，已占据墓室的大部分空间。砖砌榻座垒砌密实，由方砖和长条砖平铺叠砌，其南端砖面雕有牡丹花卉，长1.95、宽1.13、高0.35米。木榻围栏置于砖砌榻座之上，长2.05、宽0.94、高0.45米，只在局部用牡丹装饰。木榻为我国古代家

砖砌榻座
Brick Bed-base

具的研究提供了珍贵的实物资料。

M218为夫妻合葬墓，墓主未用棺而直接置于砖榻上，出土时盖有粗纤维的毯子，身着衣物和骨骼已朽，但仍能分辨出葬式为仰身直肢，头向北。男墓主居东，骨架长1.8米；女墓主居西，骨架长1.65米。两者头发尚存，均呈棕红色。另外，女墓主所穿的一双鞋，形状依稀可见，其前端上卷，鞋长18厘米，但材质不明。值得说明的是，经鉴定女墓主的双脚骨骼没有遭外力压迫的迹象，换言之，无裹脚，这对于研究宋代民俗具有重要的价值。

墓室西、北、东壁皆绘有壁画，现将壁画情况介绍如下。

北壁壁画以墓室墙壁和券顶为界分为上、下两部分。上部壁画为墓室装饰画，画面呈半圆形，高0.76、宽1.5米。壁画中央下部为太湖石，石上为牡丹，有石生富贵之意。太湖石两侧各绘一只仙鹤，寓意长寿吉祥，其间穿插蝴蝶等。下部壁画高0.86、宽1.5米。画面正中为墓主人，慈眉善目，留有胡须，戴冠，身穿黑色圆领长袍，双手横置于腹部，端坐在木椅上，木椅后不远处有一黑框白色屏风，其上以草书题诗，大部分内容被墓主人身体遮蔽。墓主右侧有五人，其中三男子在炮制中药；一男子端盆进入，右臂搭有毛巾；一女子手捧汤药。墓主左侧有四人，其中一女子执团扇从屏风后走出，半隐半现；一男子手捧"朱砂丸"药匣；

方桌后两男子研读医书，一人手持医书《太平圣慧方》，另一人一手捧一袋白术、一手捧一袋大黄。整个画面布局紧凑，生动传神，是研究北宋中医历史的珍贵资料。关于男墓主的身份，由于未发现墓志，根据宋代"非官不志"的墓葬制度，画面内容或许暗示墓主为医生，或至少有从医的经历。

东壁壁画绘佛祖入涅槃的情景，高0.86、宽2.5米。壁画中心区域绘佛祖身披袈裟，作吉祥卧，头北足南，面西，表情安详。周围绘佛祖十大弟子或作蒙面拭泪状，或作捶胸大叫状，或作礼佛痛哭状。壁画中有两个留短须的汉装人物站在佛祖脚边，其中一人挽起右手抚摸佛祖的左足，另一人持手炉面向佛祖。壁画最右侧有三人，均赤裸上身，裤脚卷起，裸足，或挥舞拍板，或吹横笛，或手舞足蹈。壁画中的佛祖涅槃图对于研究我国佛教美术史具有重要的价值。

西壁壁画为北宋杂剧演出场景，高0.86、宽2.5米。场景中的十七人可分为演员和乐队两部分。演员有五人，或盘坐木椅、或手持红牌、或双手抱拳、或腰别团扇。乐队十二人，十男二女，男性头戴直角幞头，身着官服，或击大鼓、或打腰鼓、或击打拍板、或吹笙箫、或手持笏板；女性头戴团冠，手持竹笙。壁画中的五名演员可能是北宋杂剧中的末泥、引戏、副净、副末、装孤五个角色。此壁画不仅完整地再现了北宋杂剧演出的场景，而且揭开了北宋杂剧演出是

墓室北壁上部壁画
Mural on the Upper Northern Wall of the Chamber

墓室北壁下部壁画
Mural on the Lower Northern Wall of the Chamber

墓室北壁下部壁画局部
Detail of the Mural on the Lower
Northern Wall of the Chamber

墓室北壁下部壁画局部
Detail of the Mural on the Lower
Northern Wall of the Chamber

墓室北壁下部壁画局部
Detail of the Mural on the Lower
Northern Wall of the Chamber

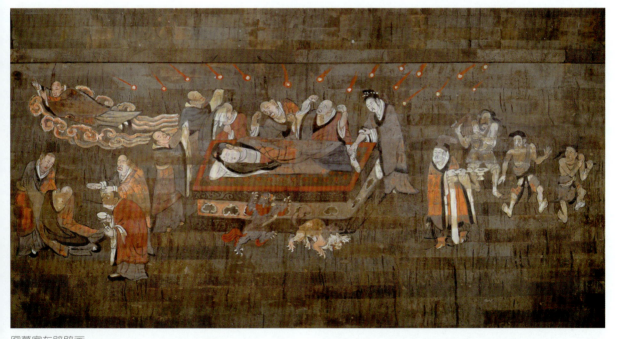

图墓室东壁壁画
Mural on the Eastern Wall of the Chamber

否有乐队伴奏的谜底。

在墓室北壁壁画中有一人手持医书《太平圣慧方》，该书成书于北宋太宗淳化三年（992年）。另外，女墓主手握北宋真宗时期的"熙宁元宝"。因此，我们推测该墓的年代为北宋晚期。

目前宋代壁画墓多集中发现于郑州地区，其特点为：墓室平面多呈六边形、八边形和圆形，一般出土有随葬品，葬具普遍用棺，壁画多为反映墓主日常生活的宴饮图、梳妆图等。此次发掘的M218为带竖穴墓道的券顶砖室墓，无随葬品，用榻不用棺，壁画为中医实景图、佛祖涅槃图、杂剧图。该墓的发掘为研究宋代的服饰、书画、杂剧和中医等提供了珍贵的实物资料。

（供稿：孙秉君　刘军　程蕊萍）

墓室西壁壁画
Mural on the Western Wall of the Chamber

墓室西壁壁画局部
Detail of the Mural on the Western Wall of the Chamber

墓室西壁壁画局部
Detail of the Mural on the Western Wall of the Chamber

In January to June 2009, in coordination with the capital construction of the Hancheng Municipal Bureau of Mine-working Affairs, Shaanxi Province, the Shaanxi Provincial Academy of Archaeology carried out a salvage archaeological excavation to the east of Panle Village in Hancheng City, Shaanxi Province. They revealed 47 tombs of Han, Song and Qing periods, of which the Song mural tomb (M218) is in rather a good condition and yielded a wooden bed and murals of great significance in archaeology of the Song period. This is a couple joint grave pointing to the north and south and consisting of a passage and a chamber. The passage measures 1.65 m in length and 0.65 m in width, and the chamber, 2.45 m and 1.8 m respectively and 2.25 m in height. The wooden bed has a brick base supporting a wooden railing and is placed in the northwest of the chamber, the railing measuring 2.05 m in length, 0.94 m in width and 0.45 m in height. It provided valuable material data for the study of ancient Chinese furniture. The unearthed murals have important academic value to researches on Song dress, calligraphy and paintings, Song variety plays, and traditional Chinese medical science.

墓室西壁壁画局部
Detail of the Mural on the Western Wall of the Chamber

墓室西壁壁画局部
Detail of the Mural on the Western Wall of the Chamber

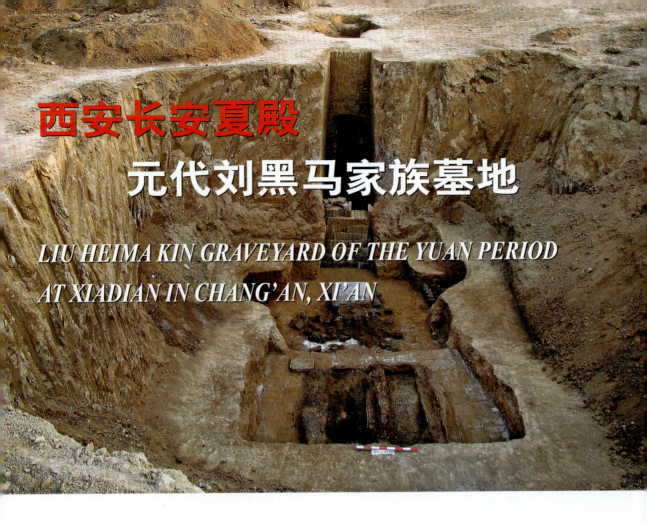

西安长安夏殿
元代刘黑马家族墓地

LIU HEIMA KIN GRAVEYARD OF THE YUAN PERIOD
AT XIADIAN IN CHANG'AN, XI'AN

刘黑马家族墓地位于陕西省西安市长安区韦曲街道办事处夏殿村西约500米处。2009年3~12月，为配合西安市民用航天产业基地的建设，陕西省考古研究院与西安市长安区考古所联合对该墓地进行了抢救性考古发掘。

已发掘有墓志的元墓4座，墓主分别为刘黑马、刘元振及妻郝柔、刘元亨、刘天杰及妻马氏与王氏，可确定为祖孙三代，其中刘黑马、刘元振父子的事迹见于《元史·刘伯林传》。根据墓葬形制与出土器物判断，旁边的10座墓亦为元墓。这是目前在陕西地区发现的规模最大的一处元代家族墓地，即刘黑马家族墓地。

目前已发现的元墓均为土洞墓，墓底距现地表约10米。墓道有竖穴和斜坡两种，以斜坡墓道为主。已发现的元墓一般有长斜坡窄台阶墓道和平面呈梯形的大型天井，墓室内多有壁龛，壁龛内摆放部分随葬器物。前、后室的形制较常见，采用砖封门或土坯封门，有的还在封门之外

M16墓志出土情况
Epitaph of Tomb M16 in Excavation

M17全景
A Full View of Tomb M17

竖有石板或墓志。这些墓葬虽多数被盗，但出土器物仍然较丰富，有金器、银器、铜器、铁器、瓷器、陶器、纺织品等，其中陶器的数量最多，均为细泥质灰黑陶，器形主要有碗、盘、瓶、盏托、罐、盒、炉、灯、灶、仓、侍俑等。

刘元振及妻郝柔墓（M16）位于刘黑马墓（M17）西侧偏南，系长斜坡窄台阶前后室土洞墓，平面呈不规则的铲形，坐北朝南，方向182°。该墓由墓道、过洞、天井、封门、甬道和前、后墓室及壁龛等组成，水平总长14.92米，墓底距现地表约9.6米。在该墓天井的北侧发现一个椭圆形盗洞，盗洞打破封门直通墓室。封门为砖砌，门外用一方青石质墓志竖立封堵，志石两面刻字，一面为志盖，面南而立，另一面为志文。据墓志记载，墓主刘元振为刘黑马的长子，其曾祖即蒙元时期的汉人世侯刘伯林，而志文中所记其祖父刘时在《元史》中缺载。

M16前室的平面略呈梯形，穹隆顶，前室东壁中部及西壁偏南各有一个小龛，底部与墓室底平齐，前室西壁北部墙壁略向外扩形成一个开放式浅龛，在前室中部偏南放置一盒墓志，志主为刘元振妻郝柔。后室的平面略呈梯形，地面高出前室30厘米，其上铺设一层厚约6厘米的青砖形成棺床，紧贴墓室墙壁一周为长条形

砖，中间为方砖；棺床上东西并排放置两个木棺，头北足南，棺板已朽，棺内壁饰有丝绸，棺底有水银痕迹。两棺有被盗扰的迹象，棺盖置于棺旁，人骨均已朽无存。该墓虽被盗，但仍出土有大量的随葬品，主要有陶俑、陶动物模型、陶模型明器、陶器、瓷器、铜器、铜钱、丝织品残片、墓志等共149件（组），其中陶模型明器的种类丰富，数量较多，制作精细，出土时多置于原位。

元代刘黑马家族墓地的发现丰富了陕西地区元代考古的资料，近60年以来在陕西地区发现的元墓较少，可确认为家族墓地的仅有户县贺氏家族墓地。此次发掘的元墓等级较高、排列有序、形制完整，随葬品丰富，对于研究陕西地区，尤其是西安地区元墓的形制、随葬器物组合及元代丧葬文化具有重要的学术价值。值得注意的是，刘黑马是元太宗窝阔台所立汉军三万户之首，其家族是蒙古国至元代初期极为重要的一支政治力量，其家族墓地的发现对于研究元代贵族，尤其是汉军世侯的埋葬制度具有重要意义。另外，刘黑马、刘元振等墓志所载内容可与《元史》、《蒙兀尔史记》等文献相互勘证，可补史之阙，具有较高的文献研究价值。

（供稿：李举纲 李明 袁明 杨洁）

M16随葬器物出土情况
Funeral Objects of Tomb M16 in Excavation

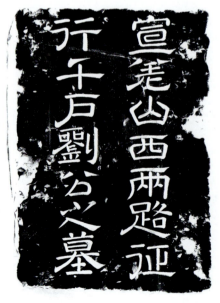

M31墓志拓片
Rubbing of the Epitaph of Tomb M31

M27出土三彩香炉
Three-color Censer from Tomb M27

M19出土钧釉瓷罐
Jun-glazed Porcelain Jar from
Tomb M19

M17出土铜牛
Bronze Ox from Tomb M17

M16出土铜镜
Bronze Mirror from Tomb M16

M16出土骑马俑
Tomb-figurine of Mounted Servant
from Tomb M16

M16出土牵驼俑、骆驼
Tomb-figurine of Camel-leading Servant and the
Camel from Tomb M16

M16出土男侍俑
Tomb-figurine of
Servant from Tomb M16

M16出土庖厨俑
Tomb-figurine of Cooker
from Tomb M16

M16出土女侍俑
Tomb-figurine of Maid from
Tomb M16

The Liu Heima kin graveyard lies about 500 m to the west of Xiadian Village under the Weiqu Subdistrict Office in Chang'an District of Xi'an City, Shaanxi Province. In March to December 2009, the Shaanxi Provincial Academy of Archaeology, in cooperation with the Chang'an District Institute of Archaeology, Xi'an City, carried out there a salvage excavation. Among the excavated graves are four epitaph-furnished burials, the tomb-owners of which are, respectively, Liu Heima, Liu Yuanzhen with his wife Hao Rou, Liu Yuanheng, and Liu Tianjie with his wives Ma and Wang by surname. It can be confirmed that there are three generations of a family as the careers of Liu Heima, Liu Yuanzhen and his son are recorded in the "Biography of Liu Bolin" of the *History of the Yuan* 《元史·刘伯